国家中等职业教育改革发展
示范学校建设成果

U0666959

收银实务

SHOU YIN SHI WU

吴超　王万军　主编

经济管理出版社
ECONOMY & MANAGEMENT PUBLISHING HOUSE

编者信息

主　审：凯书章　周云香
主　编：吴　超　王万军
副主编：任　涛　刘春梅
参　编：朱良华　卢　生

编者信息情况：

凯书章（贵州省财政学校　副校长、中国注册会计师、中国注册资产评估师、高级讲师）

吴　超（贵州省财政学校　财会教研室主任）

周云香（贵州安顺家喻物业管理有限公司　副总经理）

王万军（贵州省财政学校　财会教研室教师）

刘春梅（用友新道科技有限公司）

任　涛（贵州省财政学校　财会教研室教师）

朱良华（贵州家喻集团汽车服务有限公司）

卢　生（中和正信会计师事务所贵州分所）

前 言

目前，我国连锁经营行业飞速发展，收银岗位是连锁企业的核心岗位。随着信息技术的快速发展和知识型经济的出现，企业运作与管理正在发生着前所未有的变化，对于连锁经营行业而言，要想在21世纪脱颖而出，赢得市场竞争，必须及时更新自己的管理理念，完善自己的组织架构、服务系统及工作方法，提升员工的职业素质。近年来，在中华人民共和国教育部关于"培养具有综合职业能力，在生产、服务、技术和管理第一线工作的高素质劳动者和中初级专门人才"的培养目标指导下，很多关于收银员工作技能的教材面世，但大多数教材要么偏重理论体系和框架结构，过于理论化；要么只偏重技能的训练，不注重理论结构。

为了让学生能够较完整地掌握收银岗位的理论框架和技能训练，本书真正做到了理论学习与实务操作能力培养相结合。以"做中学，做中教"为理论，以"收银基本知识"和"收银岗位技能"为基点，以"案例引入、任务驱动"为教材手段，坚持"以服务为宗旨，以就业为导向，以能力为本位"的原则。将企业引入课堂，将学生引入企业。

本书具有如下特点：

1. 教材主线清晰

本书以"收银基本知识"和"收银岗位技能"为基点，以"收银岗位工作过程"为主线，对收银岗位工作所需要掌握的知识与技能进行有针对性的学习和训练。

2. 教学目标鲜明

本书的教学内容与收银岗位工作紧密结合，以服务为宗旨，以就业为导向，以能力为本位，将收银员必备的知识与技能以项目式的教学手段进行强化训练，实现"上学如上班，上课如上岗"，培养学生岗位实务全程操作能力，实现快速上岗的目的。

3. 教学任务突出

本书以"做中学，做中教"的理念，打破传统的以理论为主体的课程体系，以"任务书"的形式将"收银理论知识"和"收银岗位技能"划分为一个个小"任务"，学生以任务为驱动进行学习，更易于中等职业学校学生的学习与训练。

本教材由贵州省财政学校凯书章、贵州安顺家喻物业管理有限公司周云香担任主审，贵州省财政学校吴超、王万军担任主编并编写大纲和对全书进行总撰，贵州省财政学校任涛、用友新道科技有限公司刘春梅担任副主编。本书的编写人员有：吴超（项目一、项目二），王万军（项目三），任涛（项目四、附录）。贵州家喻集团汽车服务有限公司朱良华、中和正信会计师事务所贵州分所卢生参与编写并给予了指导。

　　本书是定位于管理、培训的工具书，当读者在商品收银工作中遇到困难时，通过本书能得到一些启示或帮助。

编　者

2015 年 2 月

目 录

项目一　收银理论知识

【项目介绍】

本项目主要学习和训练学生收银的基本理论知识。让学生掌握收银岗位工作的职业道德和礼仪规范，为步入工作岗位做好准备。学生在对收银岗位整体认知的基础上，加强收银基础知识的学习，形成完整的职业认知和岗位认知。

【项目要求】

掌握收银员从业素质要求和礼仪规范，能够严格遵守收银员职业道德，规范自己的仪容仪表，培养高尚的职业道德，养成良好的职业习惯，为日后工作打好基础。

任务一　收银员从业素质要求

【案例引入】

某日，光明超市收银员小清在交班清点现金时发现，收银机中的现金多出 100 元，她觉得很奇怪，从来没有出现过这种情况，于是进行了反复清点，结果还是一样，于是小清将多出的 100 元现金偷偷放进了自己的口袋。第二天，有位顾客找到前一天在超市结账的收银柜台，说："昨天我在埋单的时候，是不是有 100 元掉出来？回去以后发现 100 元不见了，我在其他地方都没有用钱，应该是在你们超市埋单的时候不小心掉出来了，你们有没有发现？"当时该柜台的收银员小万了解到事情以后，汇报给主管，主管查看监控录像发现，昨天顾客在埋单时确实掉出了 100 元，并由小清收入收银机当中，经过调查发现，原来是小清据为己有了，最后经过盘问，小清也承认了该事实。

同学们，请思考一下，收银员小清犯了什么错误？违反了收银员应遵守的哪项原则？

【知识储备】

一、收银员职业道德规范基本要求

收银是商业财务工作的重要组成部分，具有一般会计的工作属性，它又是一个专门的岗位，每天要和大量的现金、支票、信用卡打交道，良好的职业道德，对做好收银工作十分重要，收银员应遵守相应的职业行为规范和准则。收银员职业道德规范的基本要求如下：

1. 热爱本职、扎实工作

热爱本职、扎实工作是爱岗敬业的前提。所谓热爱本职就是指人们对所从事的职业的好恶态度和内心感受。所谓扎实工作就是兢兢业业、不厌其烦地工作。这也是一种职业作风。

2. 热爱企业、顾全大局

收银员要正确看待企业、顾客和个人利益的关系，做到顾客利益至上，维护企业形象，个人利益服从顾客利益和企业利益。

3. 尊重顾客、踏实服务

"顾客就是上帝"、"顾客是我们的衣食父母"，收银员要牢记顾客对于企业的重要性，做到全心全意为顾客服务，帮助顾客解决问题。积极主动地为顾客服务、尊重顾客，耐心、周到地解答顾客遇到的各种疑难问题。

4. 勤于学习、提高技能

收银员要努力学习岗位技术知识、掌握过硬的技能和精湛的技艺。另外，收银员还要用科学的态度对待工作，认真研究工作中的新情况，解决工作中的新问题。

二、收银人员职业道德规范

（一）公平交易

交易双方都应遵守平等自愿、等价有偿和公平信用的原则，确保实现公平交易。收银人员在日常的收银服务中要做到以下四点：

（1）严格按照商品标价结算，并接受监督。

（2）切实贯彻国家的物价政策，体现商品交换的等价原则。

（3）不故意多收或少找钱款，做到公平买卖，诚信无欺。

（4）工作中要集中精力，不出差错，做到操作准确无误。

（二）诚实、守信

诚实守信是商业活动的生存之道，是人们在职业活动中处理人际关系的道德准则。

诚实就是要真心诚意，实事求是，守信就是要遵守承诺，讲究信用。

收银人员要用自己的言行去塑造企业形象，以真诚的服务赢得顾客的信任。目前，大多数服务企业，在服务项目、服务态度等方面都向顾客做出承诺，向社会公布。这就是要求收银人员在工作中做到视顾客为亲人，热情服务，言行文明，诚信无欺。

（三）热情待客

顾客是企业生存的基础，"顾客就是上帝"，"顾客是我们的衣食父母"。收银人员要树立全心全意为顾客服务的思想，主动、耐心、周到地为顾客服务。在接待顾客时，应尽量做到以下四点：

（1）主动。主动和顾客打招呼，主动询问顾客需求。

（2）热情。在接待顾客时，态度和蔼，言语亲切，不论顾客买多买少、买大买小、花钱多少都要同样对待。

（3）耐心。耐心回答顾客提出的问题，虚心听取顾客的意见，不去计较顾客态度的好坏和言语的轻重。

（4）周到。千方百计为顾客着想，尽一切可能为顾客提供完美的服务。

（四）遵纪守法

遵纪守法是指职业活动要遵守国家法律法规，严格依法管理、依法经营。要熟悉国家相关法律法规及企业规章制度，切实做到执法、懂法、守法，杜绝有法不依、知法犯法的现象出现。

收银人员在工作中要接触钱和物，会遇到各种各样的顾客。因此，收银人员要遵纪守法，自尊自重，并严格执行有关政策、法规，做到秉公办事，不利用工作之便谋取私利，不损公肥私。

（五）一视同仁

一视同仁是指收银人员对自己的服务对象绝不因人而异、厚此薄彼。一视同仁是服务行业的传统美德，也是收银人员必须遵守的基本行为规范。收银人员应做到以下三点：

（1）对顾客不论生熟、亲疏、老少、民族、国籍均等对待。

（2）对特殊顾客与一般顾客同样热忱。

（3）对购物行为不同的顾客一样对待。

（六）微笑服务

收银人员要讲究言语艺术，坚持微笑服务。谦恭、贴切的言语辅之和蔼的微笑能产生很强的亲和力。因此，在接待顾客时，收银人员要十分讲究言语的使用艺术，如对顾客的称谓要恰当，尽可能使用幽默、委婉的语句来接待顾客，用词要准确、生动。

【任务书】

根据下面情景任务书，分配学生模拟相应的情景：

情景一：王欢为顾客黄小姐结账时，因黄小姐购物车里有一件商品没有贴标签，无法打价，这时王欢应该如何处理？

情景二：小李为顾客陆婆婆埋单以后，陆婆婆发现她购买的食用油价格与商场内标价不一致，这时陆婆婆觉得自己被骗了，非常大声地责怪小李，说她骗人，此时小李应该如何处理？

情景三：商场有规定，如果顾客付款时需要找零，就用糖果代替，一个糖果相当于1角钱。有一天，小芳在找零的时候，给了顾客两颗糖，顾客当时脸就拉下来："我不要糖，找钱给我。"此时刚好没有零钱找给这位顾客，此时小芳应如何处理？

【效果评价】

收银员职业道德实训效果评价如表1-1所示。

表1-1 收银员职业道德实训效果评价表

考核项目	考核标准	得分
职业素养 （20分）	（1）按时出勤，课堂表现好（10分） （2）仪容仪表标准（10分）	
实训能力 （60分）	（1）积极参加小组角色扮演（10分） （2）能够根据情景正确处理相关情况（15分） （3）能够认真体会收银员职业道德（15分） （4）能够迅速且正确处理训练过程中遇到的问题（10分） （5）具备良好的团队合作精神（5分） （6）具备一定的组织协调能力（5分）	
知识技能 （20分）	（1）能够说出职业道德的含义（5分） （2）能够复述收银员职业道德规范的要点（15分）	
合　计		

任务二　收银员礼仪规范

【案例引入】

好又多超市的收银员小李，因为昨晚应酬太晚回家，没时间洗头发。第二天起床发现头发特别油，可是由于时间来不及，就急匆匆地去上班了。超市主管看到小李头发不洁，就让她把头发赶快扎起来，马上要开始营业了。小李赶紧把头发扎起来，不过有时会发出阵阵不爽的气味。到岗后，超市开始营业，小李突然想起，周末去美甲店做了美甲，还没洗掉呢。超市有规定，收银员不能留长指甲，不能擦指甲油，不然要按照违规处理。小李非常害怕被主管发现，在收银时就尽量不把手指伸出，顾客也觉得她怪怪的。

请同学们思考一下，小李违反了哪些规定？如果是你，你会做得更好吗？

【知识储备】

一、收银员的容貌礼仪

清新、端正的容貌和恰当、自然的修饰是对现代收银员仪容仪表的基本要求。

1. 清爽的发型

发型可以反映出一个人的文化修养、审美水平、精神状态，是一个人气质的集中表现。要想成为一名优秀的收银员，需要从"头"做起。收银员在工作期间应注意以下规范：

（1）保持头发清洁整齐，经常洗头、理发。

（2）头发不可遮住眉毛，造型不得过于夸张、怪异，不得将头发染成黑色以外的任何其他颜色。

2. 适度的化妆

适度得体的妆容可以展现个人风采，化妆在礼仪中起着重要作用。化妆一方面能装扮自己和展示自己的精神面貌，另一方面还体现了对他人的尊重。所以，作为一名优秀的收银员，应当学会和掌握美容与化妆的艺术。

化妆礼仪的基本要点：

（1）化妆要自然。化妆的基本要求是自然。对收银员化妆的要求是"淡妆上岗"。所谓"淡妆"，是指化妆之后表现得清新自然，没有痕迹，让别人觉得你天生如此，这是化妆的最高水准。切忌浓妆艳抹。

（2）化妆要协调。一是协调所用的化妆品系列；二是化妆的各个部位要协调；三是妆容与服饰要协调。

收银员除了注重头发和化妆外，还要注意整体形象的修饰。包括指甲应当常剪常修，一般不擦指甲油，不得留长指甲；上班时，不可佩戴手镯和其他饰物，也不宜戴惹眼的胸饰、领花和戒指等；不得在工作时间戴有色眼镜、不得佩戴大围巾或坠耳环、不得戴项链或脚链等，以免妨碍工作。

二、收银员的服饰礼仪

收银员的服饰体现着企业的组织形象和集体精神。因此，在收银工作场合，必须穿着工作服，穿工作服不仅是对服务对象的尊重，同时也使着装者有一种职业的自豪感、责任感，是敬业、乐业在服饰上的具体表现。因此，收银员在工作场合应穿着工作服，以整齐、清洁、大方，并富有朝气为原则。具体要求如下：

1. 整洁的工作服

（1）工作服必须上下身配套穿，不能只穿一件。如果只有上衣是工作服，下身可以着便服，但也应搭配得当，裤子或裙子应在样式、色调上与工作服相协调。

（2）衬衣要穿规定的颜色和样式，并应保持整洁，特别要注意领子和袖口的洁净。并且，衬衣必须束扎裤内或裙内，绝不能让内衣或其他衣服显露在制服外面。

（3）女性收银员要穿黑色、灰色、藏青色、茶色、绿色无花纹的或者接近这些颜色的裙子。

（4）男性收银员不应穿花哨的、带花纹的服装。

（5）工作服颜色较淡或较浅时，禁止穿红、紫、橘红等颜色的衬衣。

（6）不能选用花纹太明显的毛夹克作为工作服。

2. 领带

领带一定要使用领带别针。

3. 鞋

收银员每天要把皮鞋擦拭干净、光亮，破损的鞋子应及时修理，如穿布鞋，同样需保持鞋子的整洁，不要把鞋子当拖鞋穿。不能穿露脚趾的凉鞋和拖鞋，袜口不要露在裤子外。尽量不要穿高跟鞋。

4. 袜子

男收银员应穿与鞋子颜色相配的袜子，以黑色最为普遍；女收银员应穿与肤色相近的丝袜，以肉色、黑色为宜。

5. 工牌徽章

（1）在上岗时须按规定佩戴工牌徽章或工作证，它们是岗位和职责的标志，不得随意改制和增添其他饰物，不得借给他人使用。

（2）工牌徽章的内容需规范齐全，外壳和内芯无破损、污渍。

（3）工牌徽章一律佩戴于制服外衣的左胸，不得佩戴无照片或经涂改的工牌徽章。

（4）如工牌徽章丢失，应及时向核发部门提出申请，重新办理工牌徽章，或者请求发给代用工牌。

三、收银员的表情

情感的表达是人们保持正常交往的纽带，主要通过言语、声音、表情等方式来完成。所以，表情在人们的交往中有相当重要的位置。

表情是无声的形态语言，是人们优雅举止与风度的重要组成部分。在体态语中，面部表情最为丰富且最具表现力，能迅速而又充分地表达各种感情。表情表现的场所和范围相当广泛，只要及时观察脸上的表情，就能够准确地接收信息，了解其内心的真情实感，这对服务人员来讲是非常重要的。

1. 目光

眼睛是心灵的窗口，在收银工作中，收银员的目光应是坦然、亲切的。每位收银员必须学会准确、恰当地运用这样的目光迎接顾客，这是交际能力和服务水平的具体体现，它与熟练地掌握专业技能和专业知识同等重要。

（1）正视顾客的眼睛。接待顾客时，无论是交谈、递物，还是收找钱款，都必须以热情柔和的目光正视顾客，即使言语不多，也能使对方感到亲切。向顾客行注目礼是对每个服务人员最基本的要求。在接待顾客时，同样的言辞和姿态，会因为有无恰当的目光配合而产生截然不同的效果。

（2）善于领会顾客目光。目光是人们表情中表达力最强也是最微妙的。一位优秀的收银员，可以从转瞬即逝的目光中，观察到顾客的内心活动和需求，不等顾客开口，便能主动询问或主动服务。若服务人员对顾客投来的目光视而不见，会使顾客感到不快。

2. 微笑

微笑是留存在面部的一种发自内心的自然的笑，是人的心理活动和思想感情在面部的展现，是内心善良和坦诚的体现。微笑是人类交往的润滑剂，是人际交往中最富有价值的体态语言，是健康、文明的举止。微笑也是一种礼节，它体现着人际关系中友善、诚信、融洽等最为美好的感情。初次见面，给对方一个亲切的微笑，瞬时就可以缩小双方的距离，消除陌生感和拘束感。甚至还能够打破僵局，产生巨大的感染力，以影响交往对象。微笑是服务态度中最基本的标准，是良好的服务态度的重要外在表现形式。现在，微笑服务作为一种经营手段和一项重要的优质服务内容，已经引起各国的广泛重视。

"微笑服务"是评价服务质量优劣的重要标志，它可以给顾客传递满意的信息和友好、热情的情感。"微笑服务"不仅是一种礼貌，本身也是一种劳动方式，是创造经济价值和精神文明的劳动方式。要求微笑服务，实际上就是要使每位员工有较高的礼貌修养，时刻保持良好的工作状态。

微笑给人亲切、和蔼、礼貌、热情的感觉，加上适当的敬语，会使顾客感到宽慰。但"微笑要适中，敬语要适当，笑要发自内心，敬语要让人听得见"却不是轻而易举能做到的。每位员工应该懂得笑要自然，因为顾客是"上帝"；笑要甜美，因为顾客是"财神"；笑要亲切，因为顾客是"嘉宾"。笑还要有技巧，不能讥笑，让顾客恐慌；不能傻笑，让顾客尴尬；不能皮笑肉不笑，让顾客无所适从。

（1）微笑要适度。微笑虽然是人们交往中最有吸引力、最有价值的面部表情，但也不能随心所欲，想怎么笑就怎么笑，不加节制。微笑的基本特征是露齿八颗、不出声，既不要故意掩盖笑意、压抑喜悦、影响美感，也不要咧着嘴哈哈大笑。笑得得体，笑得适度，才能充分表达友善、诚信、和蔼、融洽等美好的情感。

（2）微笑要适宜。微笑是"世界通用语言"，但也不能走到哪里笑到哪里，见谁对谁笑。微笑要适宜，比方说：特别严肃的场合，不宜笑；当别人做错了事、说错了话时，不宜笑；当别人遭受重大打击，心情悲痛时，不宜笑。微笑要注意对象，两人初次见面，微笑可以拉近双方的心理距离；同事间见面点头微笑，显得和谐、融洽；收银员对顾客微微一笑，表现的是服务态度的热情与主动；当遇到一些不好回答或不便回答的问题时，轻轻一笑不作回答，更显它特殊的功能。

（3）微笑要发自内心。微笑是发自内心的快乐。当一个人心情愉快、兴奋或遇到高兴的事情时，都会自然地流露出笑容。这是一种情绪的调节，是内心情感的自然流露，而不是故作笑颜、假意奉承。据有关专家观察发现，收银员、营业员、服务人员在开展微笑服务中，做作的成分过多，不仅给人不真诚的感觉，而且在工作繁忙或与顾客发生矛盾时，这种笑意就会马上消失。我们提倡发自内心的微笑，因为发自内心的微笑既是一个人自信、真诚、友善、愉快的心态表露，同时又能制造明朗而富有人情味的生意气氛。发自内心的真诚微笑应是笑到、口到、眼到、心到、意到、神到、情到。

总之，微笑是一种特殊的"情绪语言"，可以在一定程度上代替语言上的更多解释，会起到"此时无声胜有声"的作用。

四、收银员的语言服务规范

收银员工作时应口齿清晰、语言标准流利、声音柔和适中，一般应使用普通话；对特殊顾客可使用普通话以外的语言，如对说粤语的顾客可使用粤语对话，对外宾可用英语交流等。不管使用哪种语言，都必须注意使用礼貌用语、文明用语，切忌与顾客讲粗话、开不恰当的玩笑、嘲笑顾客、吹口哨、高声喊叫等。如果听不懂顾客的语言，也不能不予理睬，要尽量与顾客沟通。

1. 招呼用语

消费者前来付款时，收银员要说好第一句话，打招呼的用语一定要恰当，对顾客可以统称"您"，也可针对不同顾客的年龄、性别使用各种尊称用语，打招呼的时机和方式也要恰当。

2. 交易用语

向消费者打好招呼，只是服务过程的良好开端，要使消费者更加满意，还必须掌握交易用语。交易用语是收银员在收银过程中使用的专业语言，是服务的关键环节。收银员要注意掌握说话技巧和语言艺术，不能使用过于夸张、讽刺挖苦以及漠不关心的语言等。

3. 致谢和致歉用语

在服务过程中，对于顾客前来付款和在付款过程中给予的合作、支持要表示感谢；对于给顾客带来的不便及收银过程中出现的失误等要表示歉意。通过"谢谢关照"、"对不起，让您久等了"、"请原谅"等致谢和致歉用语，能够让顾客感到亲切。

4. 道别用语

接待顾客要有始有终，在收银结束后，收银员应主动热情道别，使用"欢迎您再来"、"谢谢，您慢走"等礼貌用语。恰当使用道别用语不仅是礼貌行为，更重要的是能给顾客带来交易后的愉悦感并留下深刻的印象，为顾客的再次光临奠定基础。

【任务书】

根据以下训练内容，分配学生进行相应礼仪的训练：

1. 着装训练

按照收银员的着装和仪容标准进行训练。

2. 动作礼仪训练

（1）主动、热情地招呼顾客，耐心解答顾客疑问。

（2）文明装袋，轻拿轻放。

（3）微笑迎客，热情送客。

（4）吐字清晰，唱收唱付。

3. 语言和表情训练

（1）训练向顾客打招呼的技能。

（2）训练向顾客推销商品、传递特惠信息的技能。

（3）如结账排队顾客较多，能够平复顾客心情。

（4）向问路顾客指引收银台方向。

（5）处理顾客信用卡无法正常刷卡时的情况。

（6）处理顾客对找零有疑问的情况。

（7）处理顾客将商品散落在地的情况。

（8）处理顾客提前拆封未埋单商品的情况。

【效果评价】

收银员仪容仪表实训评价如表1-2所示。

表 1-2　收银员仪容仪表实训评价表

考核项目	考核标准	得分
职业素养 （20分）	（1）按时出勤，课堂表现好（10分） （2）仪容仪表标准（10分）	
实训能力 （60分）	（1）积极参与小组训练活动（10分） （2）能够找到组员仪容仪表不符合要求的地方（10分） （3）能够按照收银员仪容仪表要求严格规范自己（10分） （4）具备良好的团队合作精神（15分） （5）具备一定的组织协调能力（15分）	
知识技能 （20分）	（1）能够说出仪容仪表的含义（5分） （2）能够说出收银员仪容仪表规范的要点（15分）	
合　计		

项目二　收银基础知识

【项目介绍】

　　本项目主要向学生介绍收银机、POS 系统和条形码等收银基础知识。通过学习收银机的发展与结构、POS 系统的构成以及条形码的基本构成，了解收银硬件以及软件的应用。

【项目要求】

　　掌握收银机的基本配置、POS 系统的构成以及条形码的分类，以便让学生更深入地了解收银知识。

任务一　认识收银机

【案例引入】

　　品润超市从三年前的小店，逐步发展成为一家面积 2000 平方米的中型超市。老板吴某在聘用收银员的时候，有一个特别的要求：有大中型超市的收银经验，懂得收银机的使用。就因为这一点要求，很多应聘者被拒之门外。那么，收银机到底是什么？为什么吴老板会有这样的要求呢？

【知识储备】

一、收银机的发展

　　电子收银机（Electronic Cash Regsister，ECR）是微电子技术发展及现代化商品流通管理理念和技术发展结合的产物，而商业电子收银机则是现代化、自动化商业管理必不可少的基本电子设备之一。

收银机已从第一代收银机、第二代收银机（ECR 电子收款机）发展到目前功能齐全的第三代收银机（POS 机）。如图 2-1 所示。

世界上最早的收银机　　　　电子收银机（ECR）　　　　第三代收银机（POS 机）
1879 年　　　　　　　　20 世纪 60 年代　　　　　　20 世纪 80 年代

图 2-1　收银机的发展

（一）世界上最早的收银机

世界上最早的收银机发明于 1879 年，由美国的詹敏斯·利迪和约翰·利迪两兄弟制造。当时收银机的功能只是实现营业记录备忘和监督被雇用者的不轨行为。

（二）电子收银机

20 世纪 60 年代后期，随着电子技术的飞速发展，日本率先研制成功电子收银机（ECR）。电子收银机的发明具有划时代的意义，其技术性能和商业功能远远超过原来的收银机，具有智能化、网络化、多功能的特点，成为在商业销售上进行劳务管理、会计账务管理、商品管理的有效工具。

（三）第三代收银机

20 世纪 80 年代中期，功能强大的商业专用终端系统（POS）产生，成为第三代收银机。它与 ECR 最大的区别在于具有直接入账的特点，拥有网上实时处理能力。

POS 是英文"Point of Sales"的缩写，被译为"销售终端"或"销售点实时处理系统"。它包含了两层含义：销售终端面向交易前台 POS 机的应用；销售点实时处理系统是针对系统处理而言的。

POS 之所以被称为销售终端，主要是因为它的出现使磁卡（作为支付手段）成为一种方便、快捷和安全的方式，并为人们所接受。伴随着智能卡技术的迅速发展及其应用领域的不断扩展，销售终端也不再仅仅局限于金融支付，而正在被餐饮、烟草专卖、公交、旅游、社会保险、医疗和交通管理等领域广泛使用。

POS 之所以被称为销售点实时处理系统，是因为它的主要任务是为商品交易提供服务和实时管理。具体内容包括以不同的销售方式（零售、批发、折让、折扣、调价、减价等）、不同的结算方式（现金、支票、信用卡等）、不同的处理方式（条形码扫描、键盘数据录入、刷卡等）完成商品交易并产生所需要的收据；对商品销售信息进行统计和实时管理，如统计交易次数、时段销售金额、时段各类商品的销售量，自动更新库存量、提供可靠的存货信息；控制各类商品的库存量并管理商品的订货等。

第三代收银机具备开放系统，可应用于多种平台和应用软件，也可连接多种外设，还可使用 IC 卡、银行卡授权终端，可单机或联网，还可以连接 Internet。

随着 POS 行业的不断迅猛发展，有着高性能的各种 POS 收银系统为商家所肯定，加上竞争激烈，对这些商场来说，信息系统在竞争中的作用明显提高，对 POS 收银机的需求也就明显增加了。采用 POS 收银系统，大大降低了收银人员的工作强度，提高了收银效率，也为消费者提供了更多的快捷和便利。

二、收银机的基本结构

（一）电子收银机的配置

电子收银机主要由电子器件和机械部件共七个基本部分组成，如图 2-2 所示。

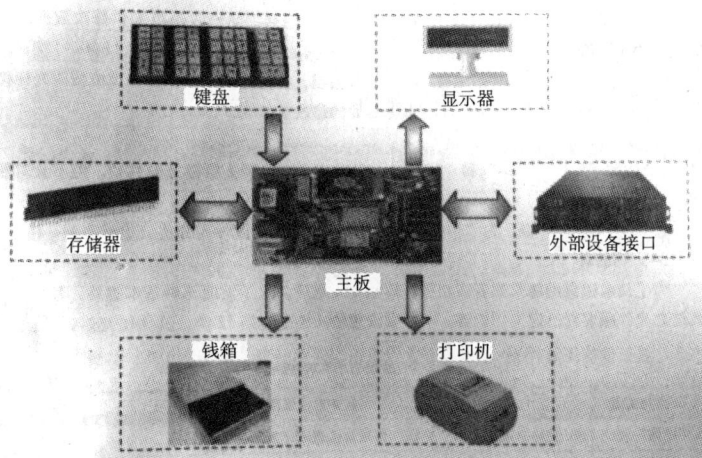

图 2-2　电子收银机的基本构成

1. 主板

中央数据处理部件，它是电子收银机的"心脏"，用于处理、计算由键盘输入的商品件数、金额等各种收款数据，控制收银机的各种设备和部件。

2. 存储器

用于存储收银机的程序和销售商品的数量、金额、税金及各类报表等数据信息。

3. 键盘

键盘用来输入各种销售数据，分为机械式键盘、电容式键盘及薄膜式键盘三种。前两种输入速度高，多用于企业和超市；薄膜式键盘防水、防尘，主要适用于餐饮业。

4. 打印机

它是电子收银机输出的关键部件，用于打印销售发票和管理存根。商业企业一般要求双层打印。打印机有字轮打印机、针式打印机、热敏打印机和压感打印机。

5. 显示器

电子收银机的显示部件一般有两个，一个是收银员用的显示器，另一个是提供给顾客的显示器，这样方便收银员和顾客进行人机对话，多采用荧光数码或液晶数码显示。

6. 钱箱

钱箱用于存放收款现金，带有电子控制的开关装置。

7. 外部设备接口

它用于连接条形码阅读器、发票打印机、条形码电子秤及通信联网等。不同的收银机采用不同的外部接口。

电子器件包括权限锁和电子收银机的运作软件。权限锁用于实现权限控制。电子收银机的运作软件用于销售数据的输入、加工、输出、存储、传送和通信，并对各设备进行管理。

（二）POS 机的配置

POS（Point of Sales，POS）收银机源于电子收银机。随着计算机技术的普及和商业领域管理的提高而需要不断增多，使用日渐广泛。收银员要做好收银工作，就需要对 POS 机有一个基本的了解。

目前，绝大多数超市使用的 POS 机是基于计算机 Windows 平台的，它主要由条形码阅读器、电子收银机及磁卡读写器组成，其基本配置有如图 2-3 所示的几个部分：

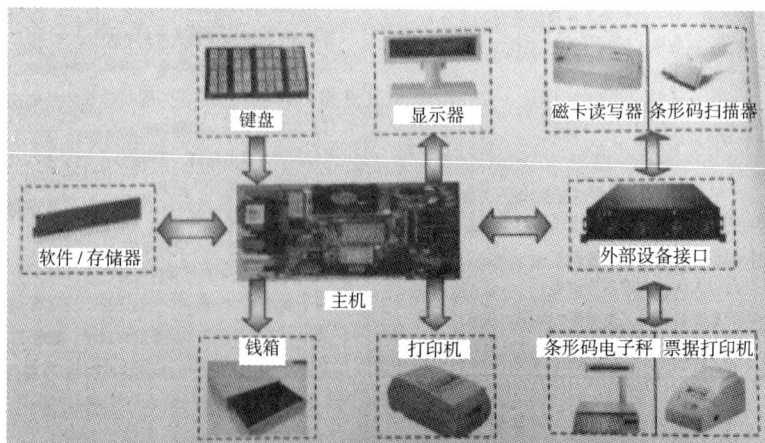

图 2-3　POS 机的基本配置

1. 主机

POS 机的主机包括中央处理器及主板，是 POS 收银机的主要部分。主机由 CPU、POS 专用主板、内存、硬盘等几个主要部件组成，用于存储软件、执行程序并处理存储交易时发生的各类数据。

2. 软件/存储器

大多使用微机上的硬盘机或软盘驱动器作为收银机软件及数据的存储器，其存储容量大，使用方便，比普通微机硬件兼容性好，适合微机上的软件开发。

3. 显示器

常用的辅助显示器有液晶的、带有背景光的、半导体发光管的、荧光管的。显示方式为点阵式和数字式两种，点阵式可显示数字、汉字及西文字符。

4. 键盘

一般 POS 机配备专用键盘，键盘输出与普通 PC 机的键盘兼容。

5. 票据打印机

票据打印机一般分为针式打印机和热敏打印机。票据打印机主要用于打印收银小票，交给顾客作为购物凭证，也可用于收银员在交接班时打印各种报表或单据。

6. POS 机钱箱

POS 机电子钱箱用于放置收银员所用的货币资金（即备用零钞、营业款），配有锁，可与 POS 机链接，通过键盘上的按键自动打开，也可单独使用。

7. 条形码扫描器

条形码扫描器也称条形码阅读器，是条形码的阅读装置，用于收银员为顾客提供收银服务时扫描商品、获取商品信息。

8. 磁卡读写器

磁卡读写器是用于磁卡信息读取的设备，有的 POS 机专用键盘带有磁卡读写器（见图 2-4）。收银员在收银操作中经常需要用磁卡读写器读取顾客会员卡、银行卡等磁卡信息。

图 2-4 POS 机专用磁卡读写器

9. 条形码电子秤

条形码电子秤是用于称重散装商品的设备。散装商品经过条形码电子秤称重后确定了重量，然后输入相应的商品条形码或货号即可计算出商品的销售金额，通过自身配备的打印机可以直接打印出价签，将其粘贴到商品外包装上。收银员可直接根据价签上显示的相关信息进行收银结算。

三、收银机的基本操作

（一）电子收银机的基本操作

由于不同型号的电子收银机操作方法各异，为说明问题，在此以 MA-1650 电子收银机（二类机）为例，介绍电子收银机的使用方法，如图 2-5 所示。

图 2-5　MA-1650 电子收银机

MA-1650 收银机键盘的基本操作：

1. 打开电源

首先检查开关的接触等情况，确认无误后打开电源。

2. 收银员登录、签退操作

收银员登录、签退有两种方式。一种为收银员开始收银的正常登录及停止收银的正常签退；另一种为收银过程中暂时停止收银（时间很短）必须退出收银状态的临时签退，恢复收银必须作临时签到。操作方法如下：

（1）签到。输入 1111，按"签到/收据"键，打印出签到票据，进入销售状态。

（2）签退。输入 0，按"签到/收据"键，打印出签退票据，退出销售状态。

（3）临时签退。输入 9，按"签到/收据"键，打印出临时签退票据，收款员暂时离开，不久将返回。

（4）临时签到。输入 1111，按"签到/收据"键，打印出临时签到票据，可以进入销售状态。

3. 交易操作

收银机操作既可按部门输入商品信息，也可按 PLU 码输入商品信息。

（1）一笔交易的操作。输入单价、部门号、金额（顾客付款），按"现金/合计"键。

（2）"×"键的操作（多个同一商品的输入）。输入数量，按"×"键，输入单价、部门号，按"小计"键，输入金额（顾客付款），按"现金/合计"键。

（3）多笔交易的操作。输入数量、单价、部门号，重复 n 次，按"小计"键，输入金额（顾客付款），按"现金/合计"键。

4. 改错方式

在收银操作中，有可能出现输入错误。根据错误发生的不同阶段或内容，有以下几种改错方式。

（1）按"清除"键。输入过程中，将数字输错，在没有确定部门之前，按"清除"键，清屏后重新输入正确数量或金额，然后继续后面的操作（此时钱箱打不开）。输入数字（数量或单价），按"清除"键，输入数字（正确）等。

（2）按"及时更正"键。除去或更改最后一项，并在所除去项目的上面打印一条线，说明画线的款项没有收。它与"清除"键的区别在于：发现输入错误，如果没有按"部门"键，可按"清除"键清除，然后重新输入正确信息；如果已按"部门"键，则需按"及时更正"键，删掉此项信息。按程序输入后，按"及时更正"键，重新输入数量、单价、部门号，按"小计"键（可继续输入正确信息），输入金额（顾客付款），按"现金/合计"键。

（3）按"过时更正"键。在当前销售中删除或更改前面已输出的某一项（非最后一项）。输入数量、单价、部门号，按"过时更正"键，重新输入数量、单价、部门号，按"小计"键（可继续输入其他信息），输入金额（顾客付款），按"现金/合计"键。

5. 全部取消

当前项交易在结束前，发现要取消所有的操作。输入数量、单价、部门号，先后按"小计"、"全部取消"、"及时更正"键。

6. 退货

用于顾客退货后退款的操作（退货不能按"及时更正"或"过时更正"键的，需要在部门主管监督下进行），输入退货、金额、部门号，按"小计"、"现金/合计"键。

7. 商品打折

目前，由于商家的经营方式比较灵活，有打折、优惠等形式多样的促销手段，所以利用收银机收银，可以使各种促销方式更灵活，账务管理更方便、快捷。

（1）单品打折。销售中某种商品减去一个百分比，这时就要输入数量、单价、部门号、折扣数，先后按"%"、"－"和"小计"键，输入金额，按"现金/合计"键。

（2）整体打折。对当前操作的所有项目要减去一个百分比，这时要输入数量、单价、部门号，按"小计"键，输入折扣数，按"%"、"－"键，输入金额，按"现金/合计"键。

（3）金额折扣数。用于从销售中减去一定的金额，作为销售的折扣。输入数量、单价、部门、金额（减的金额），按"POS"键，输入金额，按"现金/合计"键。

8. 非现金键的操作

目前很多企业的结算方式不止现金一种，也可使用支票、优惠券或信用卡等方式结算，这些形式收银机都能很好地实现。

（1）"支票"键的作用。输入数量、单价、部门号，按"小计"键，输入金额（实际购物金额），按"支票"键。

（2）"优惠券"键的作用。输入数量、单价、部门号，按"小计"键，输入优惠金额，按"优惠券"键。

（3）"赊销"键的作用。输入数量、单价、部门，先后按"小计"、"赊销"键。

9. 利用 PLU 键输入商品信息

目前，各商家多以商品的 PLU 码进行信息输入，其操作方法与上述操作方法基本相同，只是将输入单价改为输入编码，由"部门"键确定改为 PLU 键确定。这种输入商品信息的方法可利用条形码扫描仪，从而大大提高商品信息的输入速度。

（二）POS 收银机操作

1. 开机

打开收银机的电源开关，等待机器的启动，直到出现"员工登录"窗口。

2. 登录

在"员工登录"窗口中，先输入正确的员工号，按 Enter 键，然后输入口令再按 Enter 键，即可进入系统。

3. 退出

在"销售"窗口中，按 Enter 键（或 1 键）表示确认，即退回到"员工登录"窗口，等待下一个员工登录。

4. 关机

若当前在"销售"窗口中，则先按前条所述退出；若在"员工登录"窗口中，则按"退出"键，屏幕上会出现两个询问窗口，按 Enter 键（或 1 键）后表示确认，等待片刻，直到出现"现在您可以安全地关闭计算机了"字样即可关闭电源开关。

5. 输入交易明细

在"销售"窗口中，在明细"货号"栏输入商品代码（可以采用条码扫描、键盘输入代码和热键三种方法）。如果没有此商品，就不显示该商品的名称等信息且光标停留在"货号"栏中；如果存在此商品，就将显示出该商品的名称、单价等信息。在"数量"栏中输入销售数量，若不输入数量则默认为1。如要修改，则可以使用箭头键，将光标移动到需要修改的明细上直接进行修改。

6. 交易开票

按照前一步所述，进入交易开票后，屏幕右上角第二行将显示当前交易的"应收"金额，在"预付"金额中输入顾客所付的金额数，按 Enter 键后显示出"应找"金额，再按"开票"键，当前交易即完成。

7. 退货

在"销售"窗口中，按"退货"键即打开"退货"窗口。如果屏幕中间出现"经办人登录"窗口，就说明当前登录的员工没有"退货"权限。若经办人登录成功则打开"退货"窗口。

8. 冲账

冲账就是对已经做过的交易产生一笔新的交易使之相互冲抵。

在"销售"窗口中，按"冲账"键即打开"冲账"窗口。如果屏幕中间出现"经办人登录"窗口，就说明当前登录的员工没有"冲账"权限。如果经办人登录成功，则打开"冲账"窗口，选择某一笔交易，按"开票"键后进入冲账。

9. 修改口令

在"销售"窗口中，按"功能"、1 键，出现修改口令框，先输入旧口令，如果正确就可以输入新口令，然后将新的口令再输入一遍，前后口令必须一致。

（三）收银机结束工作的操作

（1）收银机在结束工作后要退出工作状态。

（2）二类机在结束工作后退出工作状态时，收银员要进行签退程序的操作。操作方法如下：输入 0，按"签到/收据"键，然后将钥匙拨到锁机挡。此时键盘上所有按键都已失去作用，然后关闭电源开关。

【任务书】

将学生分成四个小组，每位同学获得一个员工号，以小组为单位由组员依次对收银机按照以下内容操作：

（1）开机。

（2）登录系统。

（3）输入交易明细。

（4）交易开票。

（5）关机。

教师需要准备的素材有：POS机、便笺纸（将员工号写在便笺纸上发给学生）、抹布、笔、纸。

【效果评价】

认识收银机知识效果评价如表2-1所示。

表2-1　认识收银机知识效果评价表

考核项目	考核标准	得分
职业素养 （20分）	1. 按时出勤，课堂表现好（10分） 仪容仪表标准（10分）	
关键能力 （60分）	1. 积极参加小组角色扮演（10分） 2. 能够正确完成任务中的操作（30分） 3. 能够迅速且正确处理训练过程中遇到的问题（10分） 4. 具备良好的团队合作精神（5分） 5. 具备一定的组织协调能力（5分）	
知识技能 （20分）	1. 能够说出收银机的基本配置（10分） 2. 能够了解收银机的基本操作（10分）	

任务二　认识POS系统

【案例引入】

小华是一个在农村长大的孩子，由于没有钱念书，读完初中后经熟人介绍来到城里的一家全国连锁便利店做收银员。入职的第一天，熟悉收银业务的佩玲教小华如何使用收银机，佩玲告诉小华，收银机的系统是POS系统。听到这里小华完全懵了，对于从来没有用过电脑，没有任何收银知识的她来说，完全不知道什么叫作系统，更别说 POS 系统了。为了让小华更好地理解 POS 系统，我们就来介绍一下。

【知识储备】

一、POS 系统概念

POS 系统即销售时点信息系统，用来对超市的前台销售进行实时跟踪和对后台信息进行实时管理。

二、POS 系统的构成

POS 系统由前台 POS 系统和后台信息管理系统（又称 MIS 系统）两大部分组成。如图 2-6 所示。

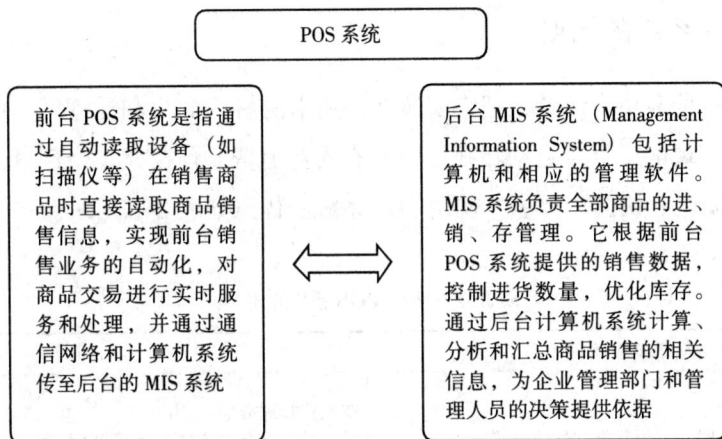

```
                    ┌─────────────────┐
                    │    POS 系统      │
                    └─────────────────┘

┌──────────────────────┐          ┌──────────────────────┐
│ 前台 POS 系统是指通   │          │ 后台 MIS 系统（Management │
│ 过自动读取设备（如    │          │ Information System）包括计 │
│ 扫描仪等）在销售商    │          │ 算机和相应的管理软件。  │
│ 品时直接读取商品销    │   ⟺      │ MIS 系统负责全部商品的进、│
│ 售信息，实现前台销    │          │ 销、存管理。它根据前台  │
│ 售业务的自动化，对    │          │ POS 系统提供的销售数据，│
│ 商品交易进行实时服    │          │ 控制进货数量，优化库存。│
│ 务和处理，并通过通    │          │ 通过后台计算机系统计算、│
│ 信网络和计算机系统    │          │ 分析和汇总商品销售的相关│
│ 传至后台的 MIS 系统   │          │ 信息，为企业管理部门和管 │
│                      │          │ 理人员的决策提供依据    │
└──────────────────────┘          └──────────────────────┘
```

图 2-6　POS 系统的构成

三、POS 系统的功能

通过 POS 系统记录的各种信息，决策者可以对超市的资源进行全面规划、合理分配使用，实现对人、财、物、购、销、调、存等的一体化管理，提高超市经济效益和管理水平。POS 系统的功能主要有：

（1）准确、高效、自动地进行交易和信息处理。

（2）商品单品管理。

（3）商品部门管理。

（4）员工管理。

（5）顾客管理。

（6）促销管理。

（7）货币管理。

（8）收据的流水账管理。

（9）信用销售管理。

（10）税收管理。

（11）非销售业务的收、支、借、贷处理。

（12）业务权限管理。

（13）部分后台管理。

（14）信息通信与联网处理。

（15）统计报表和查询管理。

（16）盘点数据的录入和复核功能。

四、POS系统的优点

POS作为一种多功能终端，把它安装在信用卡的特约商户和受理网点中与计算机联成网络，就能实现电子资金自动转账，它具有支持消费、预授权、余额查询和转账等功能，使用起来安全、快捷、可靠。使用POS系统的优点如表2-2所示。

表2-2　使用POS系统的优点

对于POS前台	对于POS后台
在收款业务方面： 　可以缩短结账时间，包装收款快速准确 　使高峰时间的收银工作处理简便 　可以减少登录错误 　可以减少核对时间 　可以减少场地传票 　规范现金管理 在经营管理方面： 　可以使得信息具有实时性 　可以辅助盘点数据录入，并保证快速准确 　可以大大提高数据可信度 　信息汇总比手工更简便、准确、快速、及时 　可以及时、准确地反映业者关心的经营状况	在经营管理方面： 　使得账目具有相对的公开性 　更迅速、准确地掌握价格及变动 　可以随时掌握现金持有量 　减少内部管理传票 　可以使统计分析工作科学化 　可以使库存的畅销、滞销商品一目了然 　可以规范人员配置及运作 　易于开展有奖及打折销售活动 　易于测定销售达成率 　可以提高商品流转率和资金流转率 　易于制订采购计划 　使得广告及其他形式的促销更及时、准确

1. 收款迅速、准确

收银机在输入信息后，能准确地计算出该笔交易金额，显示顾客购买商品及收款、找款信息等。减少了收银员对交易金额的计算时间，提高了收款速度；减少了顾客的等待时间，极大地方便了顾客，提高了收款的准确性。

2. 支持多种付款方式

收银机在收银工作中，支持现金、支票、信用卡、礼券和提货单等多种付款方式，甚至支持在同一笔交易中多种付款方式，更好地提高效率，满足顾客的需求。

3. 业绩统计，为管理服务

收银机能记录收银员在营业中的销售业绩及顾客的购物信息，并能打印多种形式的报表，直接为管理服务，为决策者提供客观依据。

4. 结账精确，杜绝舞弊

收银台图像经 POS 信息叠加后，能有效地显示出商品编码、商品名、单价、数量、总价、收银员工号、收银时间等信息（与打印票据一致），在录像回放时一目了然。可以有效防止内外勾结的"飞货"行为、由于疏忽造成的错误行为和解决顾客纠纷（实时对照），从根本上规范收银操作，杜绝舞弊行为。

【任务书】

请描述 POS 系统的优点及功能。

【效果评价】

认识 POS 系统知识效果评价如表 2-3 所示。

表 2-3　认识 POS 系统知识效果评价表

考核项目	考核标准	得分
职业素养（20分）	按时出勤，课堂表现好（10分） 仪容仪表标准（10分）	
关键能力 （60分）	能够说出 POS 系统的优点（20分） 能够了解 POS 系统的功能（20分） 具备良好的团队合作精神（10分） 具备一定的组织协调能力（10分）	

任务三 认识条形码

【案例引入】

小华在了解了收银机后，佩玲到货架上拿了一瓶饮料给她，让她看看饮料上的条形码，并说道："小华，你看，这个条形码就是我们要用条形码扫描器扫描的东西。"小华看看饮料瓶子上的条形码，感觉很陌生，说："这就是条形码？以前也见过。但我至今都不知道这个东西是做什么用的。"

佩玲说："对啊！这就叫条形码，每个商品都有一个条形码，并且每个条形码都是唯一的。这样就不会弄错，也不会混淆商品了。"

小华觉得自己又长见识了，非常高兴。不过条形码到底是什么？上面的数字又代表什么？小华还是不清楚。下面我们来说说条形码。

【知识储备】

一、了解条形码

条形码或称条码（Barcode）是将宽度不等的多个黑条和空白，按照一定的编码规则排列，用以表达一组信息的图形标识符。常见的条形码是由反射率相差很大的黑条（简称条）和白条（简称空）排成的平行线图案。

"条"指对光线反射率较低的部分，"空"指对光线反射率较高的部分，这些条和空组成的数据表达一定的信息。商品条形码的条、空组合部分成为条形码符号，对应符号部分由一组阿拉伯数字组成条形码代码。条形码符号和条形码代码相对应，表示的信息一致。

条形码可以体现出物品的生产国、制造厂家、商品名称、生产日期、图书分类号、邮件起止地点、类别、日期等许多信息，因而在商品流通、图书管理、邮政管理、银行系统等许多领域都得到了广泛的应用。

二、条形码的编码规则

1. 唯一性

同种规格同种产品对应同一个产品代码，同种产品不同规格对应不同的产品代码。根据产品的不同性质，如重量、包装、规格、气味、颜色、形状等，赋予不同的商品代码。

2. 永久性

产品代码一经分配，就不再更改，并且是终身的。当此种产品不再生产时，其对应的产品代码只能被搁置起来，不得重复启用，再分配给其他的商品。

3. 无含义

为了保证代码有足够的容量以适应产品频繁的更新换代的需要，最好采用无含义的顺序码。

三、条形码的结构

条形码表示特定的编码规则，而编码规则又是由特定的编码组织制定的。目前零售企业广泛使用的是"国际物品编码协会"制定的国际通用商品条形码（EAN 码）和"美国统一编码协会"制定的通用商品条形码（UPC 码）。

（一）EAN 条形码

EAN 码（European Article Number）由前缀码、厂商识别码、商品项目代码和校验码组成。目前，商店里大多数商品上都打有此码。EAN 码广泛应用于便利店的 POS 系统中。由于 EAN 码和美国、加拿大的 UPC 码、日本的 JAN 码兼容，是世界通用的条形码。

EAN 码共有两种，即 13 位标准码（EAN-13 码）和 8 位缩短码（EAN-8 码）。两种条形码的构成基本一致，只是 EAN-8 码减少了条形码字符数量，如图 2-7 所示。

图 2-7 EAN 条形码

1. 前缀码

前 3 位前缀码表示产地（国家或地区）代码。国际物品编码协会分配给中国物品编码中心的前缀码（国家代码）是 690、691、692、693。

2. 厂商代码

厂商代码是用来标识生产者、销售者的代码。每个被批准使用商品条形码的企业均可获得一个由中国物品编码中心分配的 4 位数字的厂商代码，并成为中国商品条形码系统成员。

3. 产品代码

产品代码是用来标识产品的代码。商品条形码系统成员对每个产品分配一个 5 位数字的代码，能够编码的产品最多可达到 10 万个。

4. 校验码

校验码是用来校验商品条形码中前 12 个数字代码正确性的。

（二）UPC 条形码

UPC 码是以美国食品连锁协会于 1970 年作为食品统一商品代码制定的 UPGIP 为基础，在 1973 年以美国、加拿大为对象制定的统一商品代码的原版。UPC 码是美国统一代码委员会制定的一种商品用条码，主要用于美国和加拿大地区，我们在美国进口的商品上可以看到。UPC 条形码由 11 位数字的通用产品代码和 1 位校验码组成。产品代码的第一位数字为编码系统字符；中间 5 位数字表示制造商号；后 5 位数字为产品代码。

四、商品条形码的作用

采用商品条码及其技术，能够大幅度地提高购物的结算速度，减少差错，实现商品购、销、存的自动化信息管理和物流管理，提高企业管理水平和经济效益。商品条形码的作用主要有以下四点：

（1）可以实现自动销售。

（2）可以提高记账速度。

（3）可以准确地控制商品库存。

（4）能够避免常见差错的出现。

【任务书】

您能分辨不同类型的条形码吗？它们的区别是什么？

【效果评价】

认识条形码知识效果评价如表 2-4 所示。

表 2-4　认识条形码知识效果评价表

考核项目	考核标准	得分
职业素养（20 分）	按时出勤，课堂表现好（10 分） 仪容仪表标准（10 分）	
关键能力（60 分）	能区分不同类型的条形码（20 分） 能够了解不同类型条形码之间的区别（20 分） 具备良好的团队合作精神（10 分） 具备一定的组织协调能力（10 分）	

项目三　收银基本技能

【项目介绍】

本项目主要介绍收银人员必备的点钞技能、如何识别假钞以及票据开具与管理，让学生在上岗前掌握点钞技术，做到收款迅速、准确；同时，掌握人民币的鉴别方法有利于学生在收到假钞时有识别能力，提高工作的警惕性。开票和票据管理也是收银人员的必备技能之一，掌握开票与票据管理，能够提高工作效率，减少因票据问题造成的失误。

【项目要求】

（1）掌握各种点钞方法以及扎把手法。

（2）掌握人民币的识别方法。

（3）掌握发票的开具流程以及票据的管理。

任务一　点钞技能

【案例引入】

熊芬是一名中职毕业的学生，在学校的招聘会上她通过面试进入了一家连锁超市做收银员。上班后，由于在学校学过收银知识，工作起来得心应手，领导也非常赏识她。

有一天，超市为了训练收银员的各种技能，想组织一场综合技能比赛，比赛内容包括点钞、开票、扫描二维码、收钱等，但是比赛前，组织者并没有把比赛的项目告知所有参赛员工，目的是让员工在没有任何刻意准备的情况下进行比赛。

熊芬非常有信心，她认为自己在学校已经学得很好，并且上班这段时间以来，对收银业务已经非常熟练了，肯定可以赢得比赛。结果比赛当天，熊芬除了点钞，其他项目都是满分，唯独点钞比别人足足落后几十秒，输掉了比赛。她很懊恼，没想到自己的点钞水平这么差，以前在学校也学过点钞，由于没有经常练习，都生疏了。这场比赛后，熊芬闲下来就拿起点钞券练一练手，为更好地适应工作需求做准备。

有的同学有疑问：为什么有点钞机还要练手工点钞？其实，点钞技能是每个收银员必备的技能，我们不能完全依赖点钞机去执行点钞工作。

【知识储备】

一、手工点钞

（一）手工点钞程序

手工点钞程序可分为拆把，点钞、扎把、盖章四个环节。

（1）拆把：先将待点的钞票封条拆开，做好点钞准备。

（2）点钞：手中点数，脑里记数，确定点准 100 张钞票。

（3）扎把：把清点准确的钞票蹾齐，并用捆钱条扎紧。

（4）盖章：在扎好的捆钱条上加盖清点人名章，明确责任。

（二）手工点钞要求

点钞工作要做到"快、准、好"。应注意以下事项：

1. 坐姿端正

点钞时的坐姿会直接影响点钞技术的发挥和提高。正确的坐姿应该是直腰挺胸，身体放松，双肘自然放在桌上，同时持票的左手腕部接触桌面，右手腕部稍抬起，这样才能做到整点票币轻松自如、活动持久。

2. 肌肉放松

点钞时，两手各部位的肌肉要放松。肌肉放松，可以使双手活动自如，动作协调，并可减轻劳动强度；否则，手指僵硬，动作不准确，既影响点钞速度又消耗体力。

3. 操作定型，用具定位

点钞时使用的印泥、图章、海绵缸和扎把条等要按使用顺序固定位置放好，以便点钞时使用顺手。各个环节要紧凑，方位得当，距离适宜，便于操作。

4. 钞票蹾齐

把待清点的钞票清理整齐、平直。这是做到"快、准、好"的前提，钞票不齐不易点准。对折角、弯折、揉搓过的钞票要将其理直、抚平，明显破裂、质软的纸币要先挑出来。清理好后，将钞票在桌面上蹾齐。

5. 开扇均匀

钞票清点前，都要将票面打开成扇形，使钞票有个坡度，便于捻动。把每张钞票的间隔距离捋得一致，使得在捻钞过程中不易重叠。

6. 扎把捆紧

扎把要以扎好的钞票中第一张钞票不能被抽出为准。

7. 动作连贯

动作连贯是保证点钞质量和提高效率的必要条件，点钞过程的各个环节（拆把、清点、蹾齐、扎把和盖章）必须密切配合、环环相扣。清点时，第一组动作和第二组动作之间，要尽量缩短和不留空隙时间，当第一组的最后一个动作即将完毕时，第二组动作必须立即开始。这就要求收银员在清点时双手动作要协调，清点动作均匀，切忌忽快忽慢、忽多忽少。要减少不必要的小动作。

8. 点、数协调

点和数是点钞过程的两个重要方面，这两个方面要互相配合，协调一致。点的速度快，记数跟不上，或点的速度慢，记数过快，都会造成点钞不准确，甚至造成差错，所以点和数两者必须一致。为了使两者紧密结合，点数通常采用分组法。单指单张以10为一组记数，多指多张以清点的张数为一组记数，使点和数的速度能基本吻合。同时记数通常要用脑子记，尽量避免用口数。

（三）钞票整理的具体要求

平铺整齐，边角无折。

同券一起，不能混淆。

券面同向，不能颠倒。

验查真伪，去伪存真。

剔除残币，完残分放。

百张一把，十把一捆。

扎把捆紧，经办盖章。

清点结账，复核入库。

（四）手工点钞技法

1. 手持式单指单张点钞法

（1）点钞技巧。

①拆把持钞。拆把的方法有两种。第一种方法是：持把时左手拇指在钞券正面的左端，约在票面的1/4处，食指和中指在钞券背面与拇指一起捏住钞券，无名指和小指自然弯曲；捏起钞券后，无名指和小指伸向票前压住钞券的左下方，中指弯曲稍用力，与

无名指和小指夹住钞券；食指伸直，拇指向上移动按住钞券的侧面将钞券压成瓦形，并使左手手心向下，然后用右手脱去钞券上的腰条。同时左手将钞券往桌面上轻轻擦，拇指借用桌面的摩擦力将钞券向上翻成微扇形票面。右手的拇指、食指、中指蘸水做点钞准备。从上面可以看出，这种拆把方法不撕断腰条，便于保留原纸条查看图章。这种拆把方法通常用于初点现金。如图 3-1 所示。

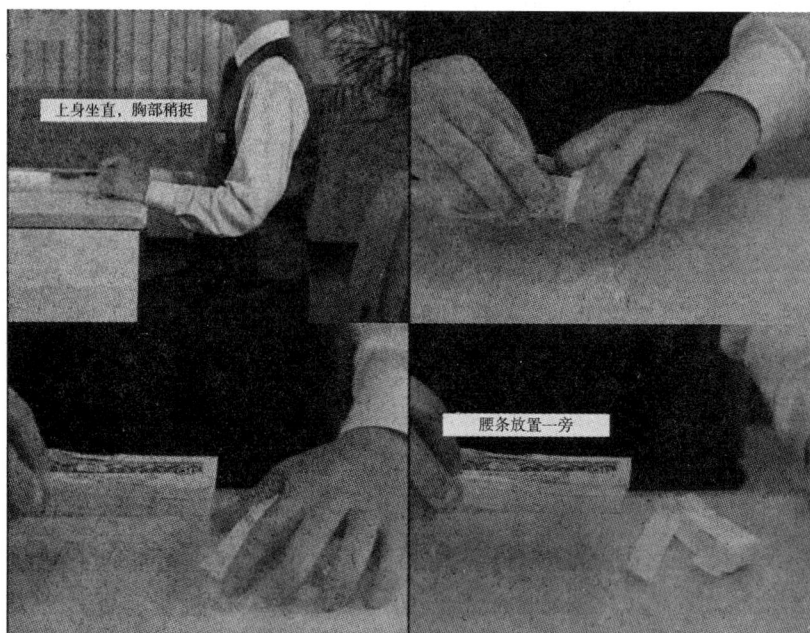

图 3-1　拆把持钞方法一

　　第二种方法是：钞券横执，正面朝着身体，用左手的中指和无名指夹住票面的左上角，拇指按住钞券上边沿处，食指伸直，中指稍用力，把钞券放在桌面上，并使左端翘起成瓦形，然后用左手食指向前伸勾断腰条纸并抬起食指使腰条自然落在桌面上，左手大拇指翻起钞票同时用力向外推使钞券成微扇形面，右手拇指、食指、中指蘸水做好点钞准备。这种方法的特点是左右手可同时操作，拆把速度快，但腰条纸勾断后不能再使用。这种拆把方法通常用于复点现金。拆把过程中的持钞方法除了上面介绍的以外，还可以用另外一种方法，即钞券横执，钞券的反面朝着身体。用左手中指和无名指夹住钞券的左端中间，食指和中指在前面，中指弯曲，食指伸直；无名指和小指放在钞券后面并自然弯曲。左手拇指在钞票下边沿后侧约占票面的 1/3 处用力将钞券向上翻起呈瓦形，使钞券正面朝向身体，并用拇指捏住钞票里侧边缘向外推，食指协助拇指，使钞票打开呈微扇形状。拆把的方法与上面介绍的两种方法相同。如图 3-2 所示。

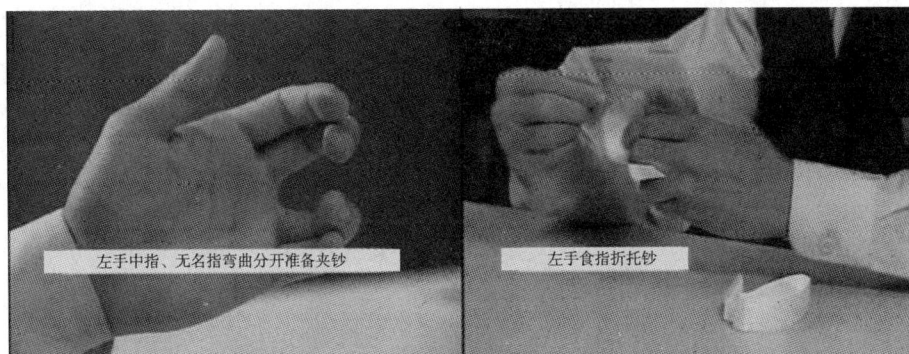

左手中指、无名指弯曲分开准备夹钞　　左手食指折托钞

图 3-2　拆把持钞方法二

②清点。拆把后，左手持钞稍斜，正面对胸前。右手捻钞。捻钞从右上角开始。用右手拇指尖向下捻动钞票的右上角，拇指不要抬得太高，动作的幅度也不宜太大，以免影响速度；食指在钞票背面托住少量钞票配合拇指工作，随着钞票的捻出要向前移动，以及时托住另一部分钞票；无名指将捻下来的钞票往怀里方向弹，每捻下一张弹一次，要注意轻点快弹；中指翘起不要触及票面，以免妨碍无名指动作，在清点中拇指上的水用完可向中指蘸一下便可点完 100 张。同时，左手拇指也要配合动作，当右手将钞券下捻时，拇指要随即向后移动，并用指尖向外推动钞券，以利捻钞时下钞均匀。在这一环节中，要注意右手拇指捻钞时，主要负责将钞券捻开，下钞主要靠无名指弹拨，如图 3-3 所示。

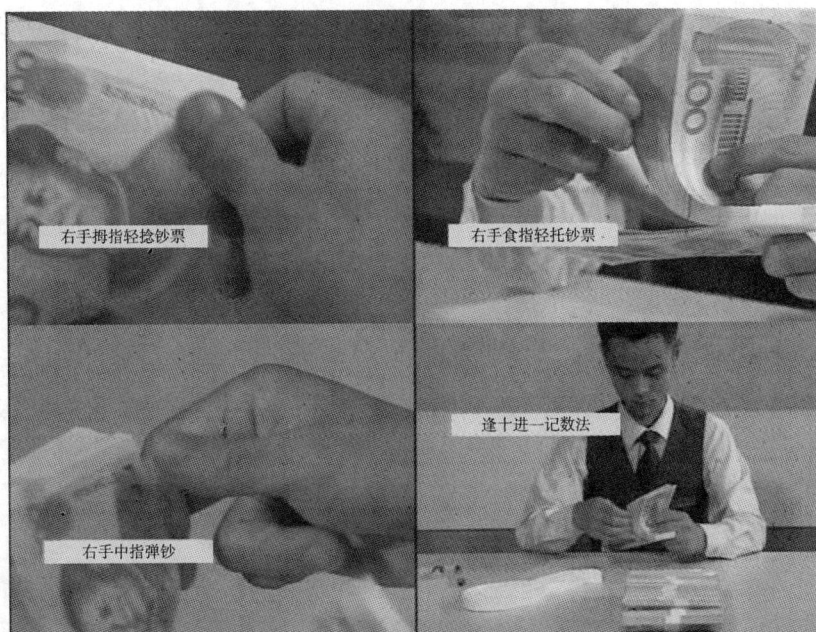

右手拇指轻捻钞票　　右手食指轻托钞票

右手中指弹钞　　逢十进一记数法

图 3-3　清点钞票

③挑残破券。在清点过程中，如发现残破券应按剔旧标准将其挑出。为了不影响点钞速度，点钞时不要急于抽出残破券，只要用右手中指、无名指夹住残破券将其折向外边，待点完100张后再挑出残破券，补上完整券。如图3-4所示。

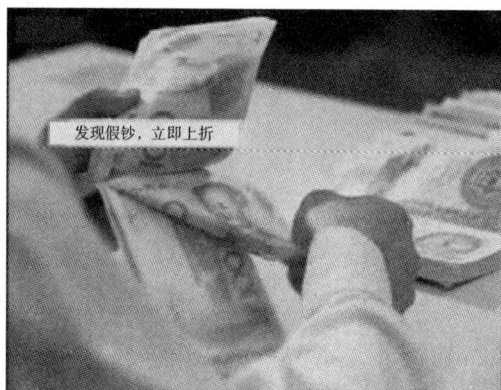

发现假钞，立即上折

图3-4 挑残破券

④记数。在清点钞券的同时要记数。由于单指单张每次只捻一张钞券，记数也必须一张一张记，直至记到100张。从"1"到"100"的数中，绝大多数是两位数，记数速度往往跟不上捻钞速度，所以必须巧记。通常可采用分组计数法。分组记数法有两种：一种是1、2、3、4、5、6、7、8、9、1；1、2、3、4、5、6、7、8、9、2；……；1、2、3、4、5、6、7、8、9、10。这样正好100张。这种方法是将100个数编成10组，每个组都由10个一位数组成，前面9个数都表示张数，最后1个数既表示这一组的第10张，又表示这个组的组序号码即第几组。这样在点数时记数的频率和捻钞的速度能基本吻合。另一种是0、2、3、4、5、6、7、8、9、10；1、2、3、4、5、6、7、8、9、10；……；9、2、3、4、5、6、7、8、9、10。这种记数方法的原则与前一种相同，不同的是把组的号码放在每组数的前面。这两种记数方法既简捷迅速又省力好记，有利于准确记数。记数时要注意不要用嘴念出声来，要用心记。做到心、眼、手三者密切配合。如图3-5所示。

逢十进一记数法

图3-5 点钞记数

⑤扎把与盖章。每把钞券清点完毕后，要扎好腰条纸。腰条纸要求扎在钞券的 1/2 处，左右偏差不得超过两公分。同时要求扎紧，以提起第一张钞券不被抽出为准。盖章是点钞过程的最后一环，在腰条纸上加盖点钞员名章，表示对此把钞券的质量、数量负责，所以每个出纳员点钞后均要盖章，而且图章要盖得清晰，以看得清行号、姓名为准。

A. 缠绕式。临柜收款采用此种方法，具体操作方法介绍如下：

a. 将点过的 100 张钞票蹾齐。

b. 左手从长的方向拦腰握着钞票，使之成为瓦状（瓦状的幅度影响扎钞的松紧，在捆扎中幅度不能变）。

c. 右手握着腰条头将其从钞票的长的方向夹入钞票的中间（离一端 1/3~1/4 处）从凹面开始绕钞票两圈。

d. 在翻到钞票厚度转角处将腰条向右折叠 90 度，将腰条头绕捆在钞票的膘条转两圈打结。

e. 整理钞票。

B. 扭结式。考核、比赛采用此种方法，需使用绵纸腰条，其具体操作方法介绍如下：

a. 将点过的 100 张钞票蹾齐。

b. 左手握钞，使之成为瓦状。

c. 右手将腰条从钞票凸面放置，将两腰条头绕到凹面，左手食指、拇指分别按住腰条与钞票厚度交界处。

d. 右手拇指、食指夹住其中一端腰条头，中指、无名指夹住另一端腰条头，并合在一起，右手顺时针转 180 度，左手逆时针转 180 度，将拇指和食指夹住的那一头从腰条与钞票之间绕过、打结。如图 3-6 所示。

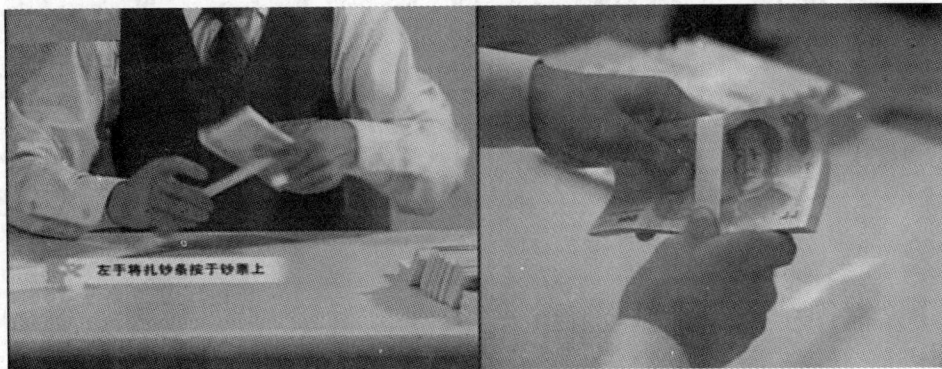

图 3-6 扎把方法

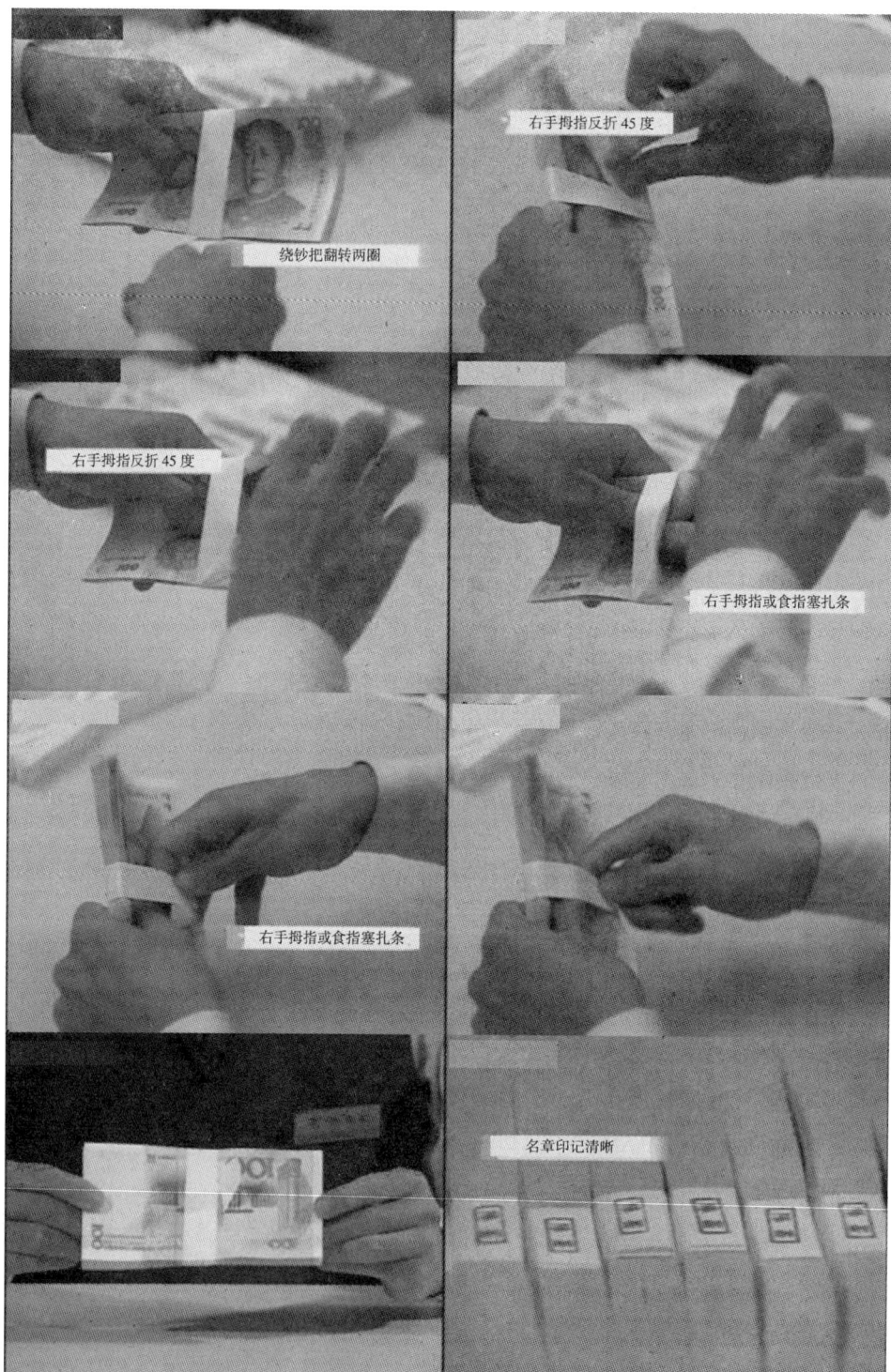

图 3-6 扎把方法（续）

（2）适用范围。手持式单指单张点钞法是一种适用面较广的点钞方法。可用于收款、付款和整点各种新旧大小钞票。

（3）优点与缺点。这种点钞方法的优点：持票人所持的票面较小，视线可及票的3/4，容易发现假钞，挑出残破币也较为方便。

这种点钞方法的缺点：由于是单指单张对钞票进行清点，因此清点速度较慢，并且清点100张票券时容易数错。

2. 手持式一指多张点钞法

（1）点钞技巧。

①清点。清点时右手拇指肚放在钞券的右上角，拇指尖略超过票面。如点双张，先用拇指肚捻下第1张，拇指尖捻下第2张；如点3张及3张以上时，同样先用拇指肚捻下第1张，然后依次捻下后面1张，用拇指尖捻下最后1张。

要注意拇指均衡用力，捻的幅度也不要太大，食指、中指在钞券后面配合拇指捻动，无名指向怀中弹。为增大审视面，并保证左手切数准确，点数时眼睛要从左侧向右侧看，这样容易看清张数和残破券。

2）记数。由于是一次捻下多张，应采用分组记数法，以每次点的张数为组记数。如点3张，即以3张为组记数，每捻3张记一个数，33组余1张就是100张；又如点4张，即以4张为组记数，每捻4张记一个数，25组就是100张。以此类推。

（2）适用范围。手持式一指多张点钞法是在手持式单指单张的基础上发展起来的。它适用于收款、付款和清点工作，各种钞票的清点都能使用这种点钞方法。

（3）优点与缺点。

手持式一指多张点钞法的优点：点钞效率高，记数简单省力。

缺点：由于一指一次捻下几张钞票，除第一张外，后面几张看到的票面较少，不易发现残破券和假币。

这种点钞法的操作方法除了清点和记数外，其他均与手持式单指单张点钞方法相同。

3. 手持式多指多张拨动点钞法

（1）手持式四指拨动点钞法。

1）点钞技巧。

①持钞。以左手持钞，手心向下，中指向手心自然弯曲，手指背面贴在钞票中间稍左的内侧，将食指、无名指和小指放在钞票的外侧，几指同时贴紧票券把钞票夹起，左手中指将钞票向外顶，食指、无名指和小指以中指为轴，用拇指配合，将钞票两端向内弯，将钞票压成瓦形。其间用右手拇指勾断纸条，左手拇指轻轻压钞票的右上角，并略

有前推的力量，使钞票的上端微开成扇面形。同时，右手食指、中指、无名指、小指指头蘸水，做点钞准备。如图3-7所示。

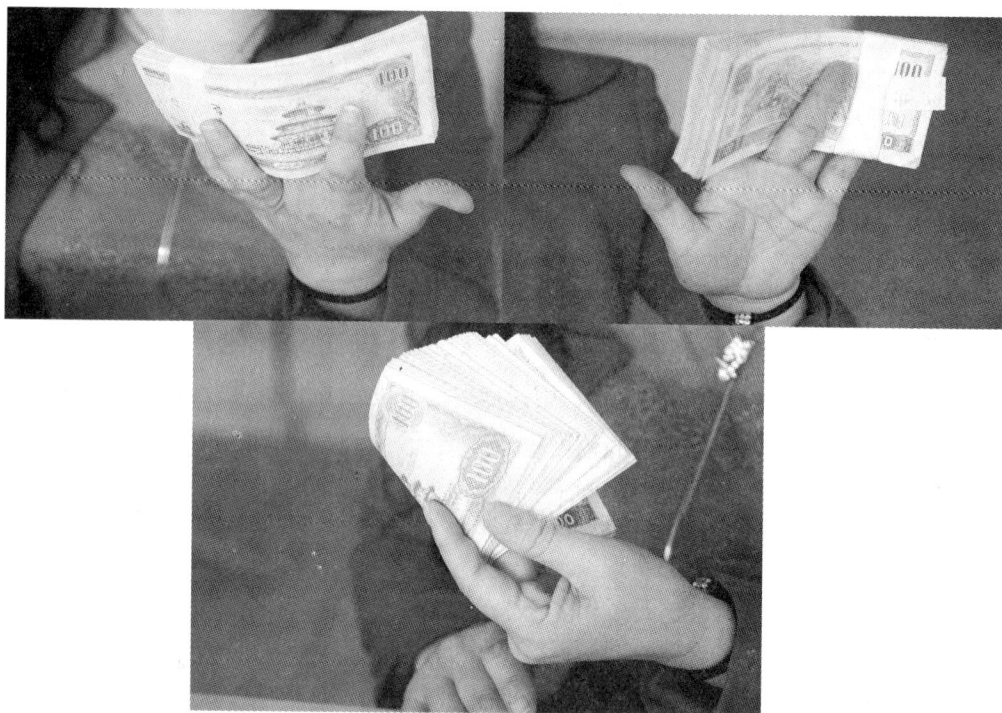

图3-7　四指拨动点钞法之持钞

②清点。右手拇指轻轻托在钞票右上角扇形的下端，食指、中指、无名指和小指并拢，四指尖成斜直线。点数时，先以小指触及票面弧形面上，然后无名指、中指和食指按顺序逐一触及弧形面上，并向下方拨票，点数时左手拇指、中指随着右手点数，逐渐向上移动，食指稍向前推，以适应待点钞票的厚度。如图3-8所示。

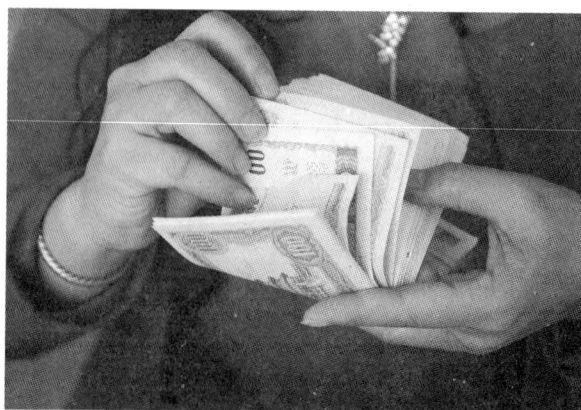

图3-8　四指拨动点钞法之清点

③记数。采用分组记数，每次点4张为一组，记1个数，记数时从两指拨下钞票后起记，数至25组即为100张。

整理、扎把、盖章的方法与手持捻动式单指单张点钞法相同。

2）适用范围。手持式四指拨动点钞法适用于收款、付款和清点工作，实用范围广泛，是比较适合柜面收付款业务的点钞方法。

3）优点与缺点。它的优点是速度快、效率高。由于每指点1张，票面可视幅度较大，看得较为清楚，有利于识别假币和挑出残破券。

缺点是点钞时，在下端夹有折叠的钞票不易发现，不适合整点残破太多的钞票。

（2）手持式五指拨动点钞法。

1）点钞技巧。

①持钞。拆把后左手持钞，左手小指在前，无名指在后，夹住钞票左端，中指、拇指夹住钞票上端两侧，拇指要高于中指，中指稍用力，使钞票向后弯曲成瓦形，食指稍弯曲顶住钞票背面上端中间。如图3-9所示。

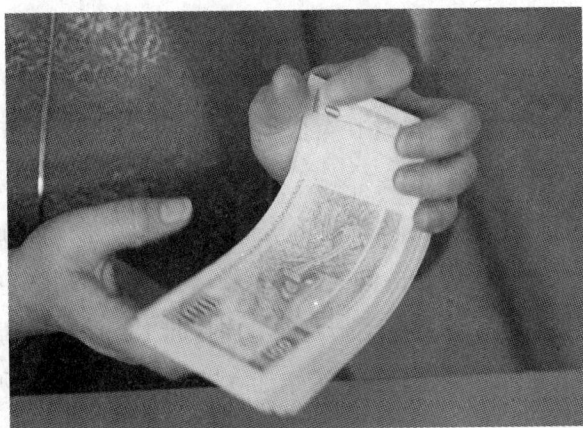

图3-9　五指拨动点钞法之持钞

②清点。清点用右手，先由拇指开始，从左上角向下方拨起第一张，接着用食指、中指、无名指、小指依次从右上角向左下方拨起第二、第三、第四、第五张，完成一次清点。然后再用拇指拨钞……反复循环操作，直至点完。如图3-10所示。

③记数。采用分组记数法，每次点5张为一组记一个数，点20组为100张。

扎把、盖章方法与手持捻动式单指单张点钞法相同。

五指五张点钞法要求右手腕要灵活，五指动作要协调。

2）适用范围。手持式五指拨动点钞法的适用范围与手持式四指拨动点钞法的适用范围相同。

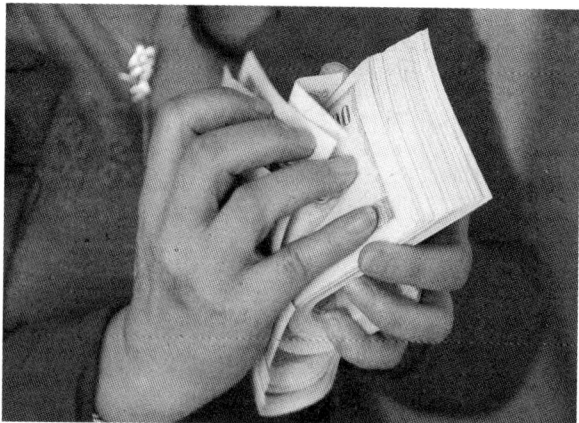

图 3-10　五指拨动点钞法之清点

3）优点与缺点。它的优点是效率高、记数省力，可减轻劳动强度。缺点是动作难度较大，不易操作。

4. 手按式多指多张捻动点钞法

（1）手按式三指三张连拨。

1）点钞技巧。

①按钞。把钞票斜放在桌上，钞票右下角稍伸出桌面，坐的椅子向右斜摆，使身体与桌子呈一个三角形。右手肘部枕在桌面上，右手中指、无名指、小指按住钞票的左上角。

②清点。点钞时用右手拇指托起右下角的部分钞票，票角稍向前弯曲，右手从无名指开始，由托起的钞票上面沿拇指的方向捻起一张，紧接着中指从空隙中沿拇指的方向捻起一张，右手食指接着也从空隙中沿拇指的方向捻起 1 张。左手拇指即将 3 张钞票往上推送到左手食指和中指之间夹着，按此方法连续操作。如图 3-11 所示。

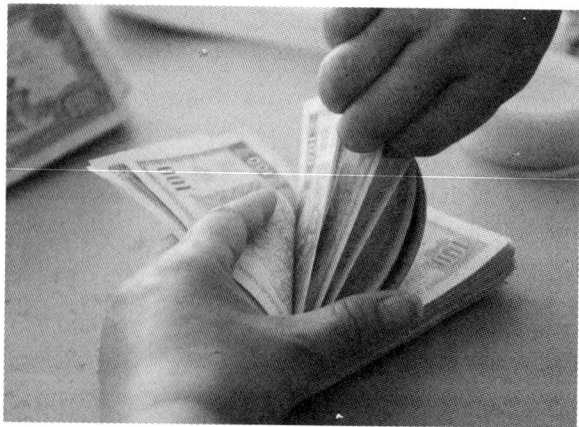

图 3-11　三指三张连拨点钞法

③记数。每次点 3 张为 1 组记 1 个数，点 33 组再加 1 张为 100 张。

2）适用范围。手按式三指三张连拨点钞法适用于收款、付款和整点各种新旧、大小面额的钞票。

3）优点与缺点。手按式三指三张连拨点钞法的优点是：钞票放在台面，清点时较手持式更稳，更易清点，且点钞速度较快。缺点是在点钞时，除了第一张钞票以外，其余各张看到的钞票面积太小，不宜整点残破券多的钞票，也不易发现假钞，劳动强度也较大。

（2）手按式四指四张连拨。

1）点钞技巧。方法与手按式三指三张连拨点钞法基本相同，只是清点时是从右手的小指头开始，依次到无名指、中指和食指。另外，记数时每次点 4 张为一组记 1 个数，点 25 组为 100 张。如图 3-12 所示。

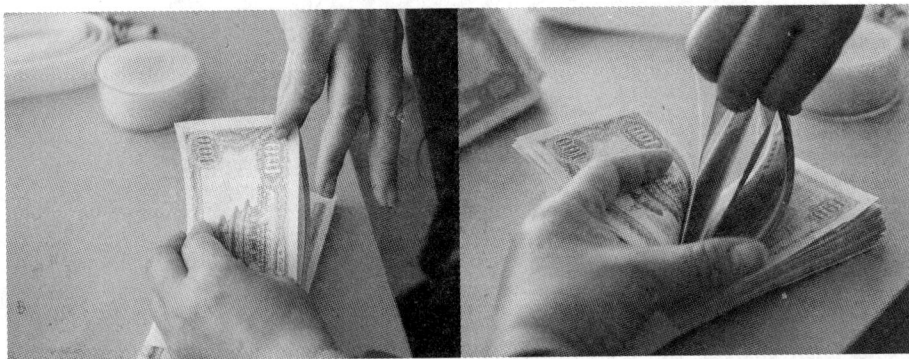

图 3-12 四指四张连拨点钞法

2）适用范围。适用于收款、付款和整点各种新旧、大小面额的钞票。

3）优点与缺点。与手按式三指三张点钞法的优缺点相同。

二、机器点钞

1. 准备工作

（1）点钞机放在点款人员的正前方，使用时先开通电源，检查各机件是否完好，运转是否正常，试验捻钞拉力是否合适，观察下钞是否通畅、整齐，计数是否准确。调试一般要求达到不松、不紧、不咬、不塞。

（2）待点的钞票整齐排放在点钞机的右侧，捆钱条和印章按固定位置放好，保证点钞过程的连续性，并要根据清点的票面调整好下钞斗。

（3）根据点钞的不同需要，选择功能键。

2. 点钞机操作程序

（1）持票拆把。用右手从机器右侧拿起钞券，右手钞券横执，拇指与中指、无名指、小指分别捏住钞券两侧，拇指在里侧、其余三指在外侧，将钞券横捏成瓦形，中指在中间自然弯曲。然后用左手将捆钱条纸抽出，右手将钞券速移到下钞斗上面，同时用右手拇指和食指捏住钞券上侧，中指、无名指、小指松开，使钞券弹回原处并自然形成微扇面，这样即可将钞券放入下钞斗。如图 3-13 所示。

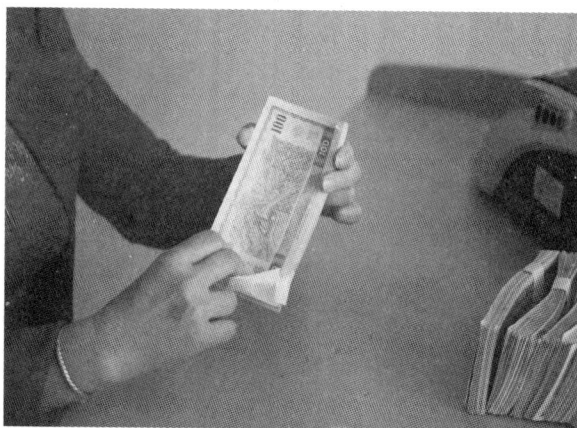

图 3-13　点钞机之持票拆把

（2）点数。将钞券放入下钞斗时不要用力。钞券经下钞斗通过捻钞轮自然下滑到传送带，落到接钞台。下钞时，点钞员眼睛要注意传送带上的钞券面额，看钞券是否夹有其他票券、损伤券、假钞等，同时要观察数码显示情况。拆下的封条纸先放在桌子一边，不要丢掉，以便查错用。如图 3-14 所示。

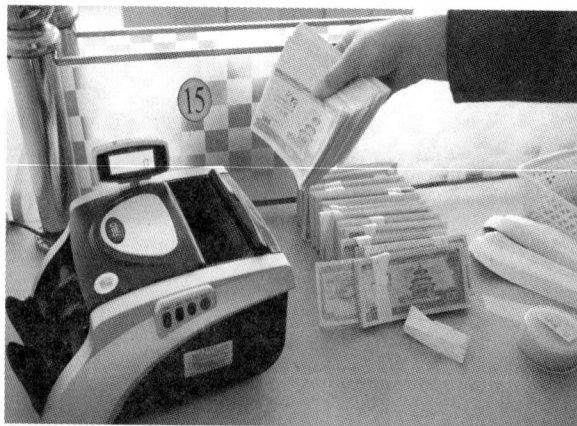

图 3-14　点钞机点数

（3）记数。当下钞斗和传送带上的钞券下张完毕时，要查看数码显示是否为100。如果数字不为100，必须复点。在复点前应先将数码显示置00状态并保管好原把捆钱条纸。如果经复点仍是原数，又无其他不正常因素，说明该把钞券张数有误，即应将钞券连同原扎把条一起用新的扎把条扎好，并在新的扎把条上写上差错张数，另做处理。一把点完，记数为百张，即可扎把。扎把时，左手拇指在钞券上面，手掌向上，将钞券从按钞台里拿出，把钞券蹾齐后进行扎把。如图3-15所示。

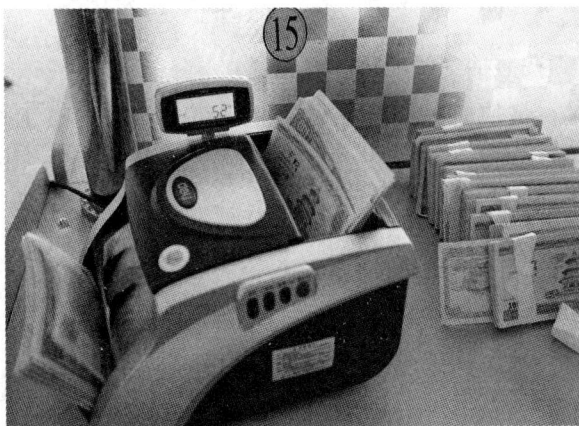

图3-15 点钞机点钞记数

（4）盖章。复点完全部钞券后，点钞员要逐把盖好名章。盖章时要做到先轻后重，整齐、清晰。由于机器点钞速度快，要求两手动作要协调，各个环节要紧凑，下钞、拿钞、扎把等动作要连贯，当右手将一把钞券放入下钞斗后，马上拆开第二把，准备下钞，眼睛注意观察传送带上的钞券。当传送带上最后一张钞券落到接钞台后，左手迅速将钞券拿出，同时右手将第二把钞券放入下钞斗，然后对第一把钞券进行扎把。扎把时眼睛仍应注意观察传送带上的钞券。当左手将第一把钞券放在机器左侧的同时，右手从机器右侧拿起第三把钞券做好下钞准备，左手顺势抹掉第三把的捆钱条纸后，左手迅速从接钞台上取出第二把钞券进行扎把。按这样的顺序操作，连续作业，才能提高工作质量和工作效率。

（5）在连续操作的过程中必须注意的问题。原扎把条要按顺序更换，不得将前把与后把扎把条混淆，以分清责任。钞券进入接钞台后，左手取钞必须取净，然后右手再放入另一把钞券，以防止串把现象。如果发现钞券把内有其他券种或破损券及假币时，应及时挑出并补上完整券后才能扎把。

【任务书】

教师准备 5 个抽签，签的内容分别为：手持式四指拨动点钞法、手持式五指拨动点钞法、手按式三指三张连拨、手按式四指四张连拨、手持式一指多张点钞法。

将全班学生分成五组，每组派一名同学进行抽签，并按签中的内容在本小组间进行比赛。

需要准备的素材：练功券（一扎 100 张）、捆钱条（每扎点钞券一张捆钱条）、笔、海绵缸、印章（采用"万次章"）、计时器。

比赛规则：

（1）每组学生必须按照抽到的项目进行比赛。

（2）每组学生应在最快的时间内完成 100 张练功券的清点工作，同时还要扎钞、盖章。

（3）要求在 5 分钟内完成点数、扎把等工序。

（4）扎把紧，纸条不会断裂造成散把。结束时，点出的零头钞券不用捆扎。因扎把不紧，纸条断裂造成散把，该把不计成绩。

（5）点钞过程中，不得发生以下情况：

1）新腰条末端未掖入。

2）票面未蹾齐，露头部分超过主体 5 毫米。

3）盖章位置不在规定位置。

4）扎把练功券漏盖名章或盖章不清，无法辨别姓名的。

5）扎把不紧（轻提第一张或最后一张即发生脱离现象）。

（6）点钞结束时，有零头张数做小分处理。点出的零头多，分值就高。以实点把数决定成绩。

【效果评价】

点钞实训评价如表 3-1 所示。

表 3-1　点钞实训评价表

考核项目	考核标准	得分
职业素养 （20 分）	（1）按时出勤，课堂表现好（10 分） （2）仪容仪表标准（10 分）	
实训能力 （80 分）	（1）每把（100 张）35 秒内点对点完（60 分） 　　　每把（100 张）40 秒内点对点完（50 分） 　　　每把（100 张）45 秒内点对点完（40 分） （2）如出现比赛规则第五点中情况的（-5 分） （3）坐姿以及点钞手势标准（10 分） （4）盖章准确无误（10 分）	
合　计		

任务二　识别假钞

【知识储备】

一、真币的防伪特征

2005 年版第五套人民币（100 元）的防伪特征：

固定人像水印：证明左侧空白处，仰光透视，有与主景人像相同、立体感很强的毛泽东头像水印。

缩微文字安全线：背面中间偏右位置有一条全息磁性开窗安全线，开窗部分可看到由缩微字符"¥100"组成的全息图案，仪器检测有磁性。

手工雕刻头像：正面主景毛泽东头像采用手工雕刻凹版印刷工艺。

雕刻凹版印刷：正面主景毛泽东头像、中国人民银行行名、盲文及背面主景、汉语拼音行名、民族文字、年号、行长章等均采用雕刻凹版印刷，用手触摸有明显凹凸感。

隐形面额数字：正面右上方有一装饰性图案，将票面置于与眼睛接近平行的位置，面对光源做上下倾斜晃动，分别可看到面额"100"字样。

胶印缩微文字：正面上方椭圆图案中，多处印有胶印缩微文字，在放大镜下可看到"RMB"和"RMB100"字样。

阴阳互补对印图案：正面 1/4 和背面自右 1/4 的中心处，分别印有半个阴阳互补"孔方"对印图案，仰光透视，两幅图案准确对接，组成一个完整的古钱币图案。

光变油墨面额数字：正面左下角"100"字样，从与票面垂直角度观察为绿色，倾斜一定角度则变成蓝色。

人民币编码：正面左下角采用双色异形横号码，左侧部分为暗红色，右侧部分为黑色，字符由中间向左右两边逐渐变小。

白水印：正面双色异形横号码下方，仰光透视，可以看到透光性很强的水印面额数字字样。

凹印手感线：正面主景图案右侧，有一组自上而下规则排列的线纹，采用雕刻凹版印刷工艺印制，用手指触摸，有极强的凹凸感。

人民币单位：背面主景图案下方的面额数字后面，有人民币单位的汉语拼音"YUAN"。

年份：2005 年。

纸张：采用专用钞纸，主要成分为棉短绒和高质量木浆，具有耐磨、有韧度、挺括、不易折断、抖动时声音发脆响等特点。如图 3-16 所示。

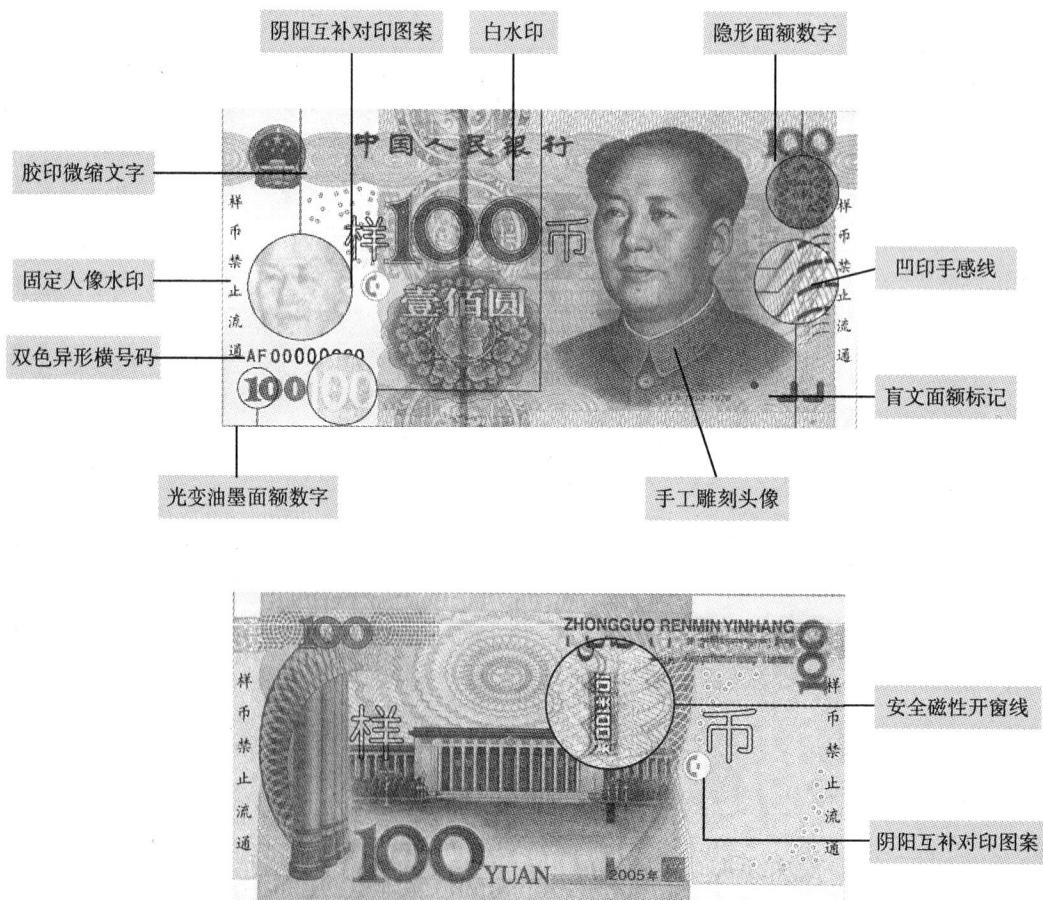

图 3-16　2005 年第五套人民币（100 元）防伪特征

二、假币的种类

假币一般分为两类：伪造币和变造币。

1. 伪造币

伪造币又称"假票"，是模仿真票币的形象，非法印刷、影印、描画、加工制作的票币。如图 3-17 所示。

真币 　　　　　　　　　　　　　　　假币

图 3-17　伪造币纸样

2. 变造币

变造假币是指在真币的基础上，采用挖补、剪贴、拼凑、制皮、揭面、涂改等手段，对人民币真钞进行加工处理，改变其原有形态，使真实的人民币变成了假币。

（1）揭层，如图 3-18 所示。

正面为真币 　　　　　　　　　　　　背面为假币

图 3-18　变造币揭层纸样

（2）挖补，如图 3-19 所示。

（3）拼凑，如图 3-20 所示。

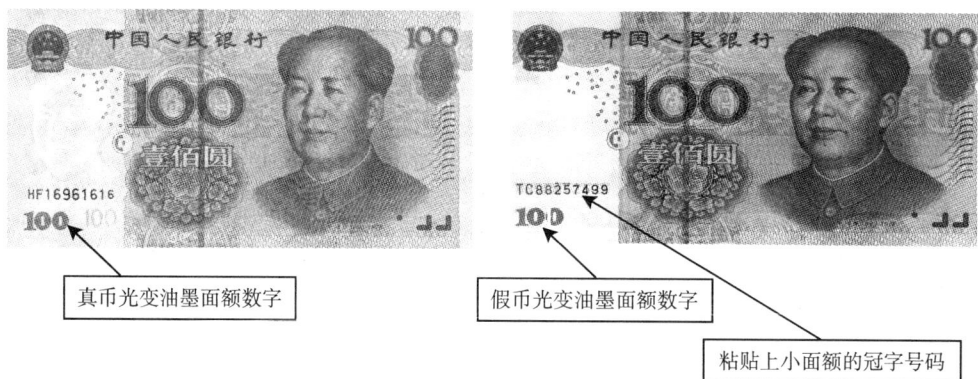

图 3-19　变造币挖补纸样

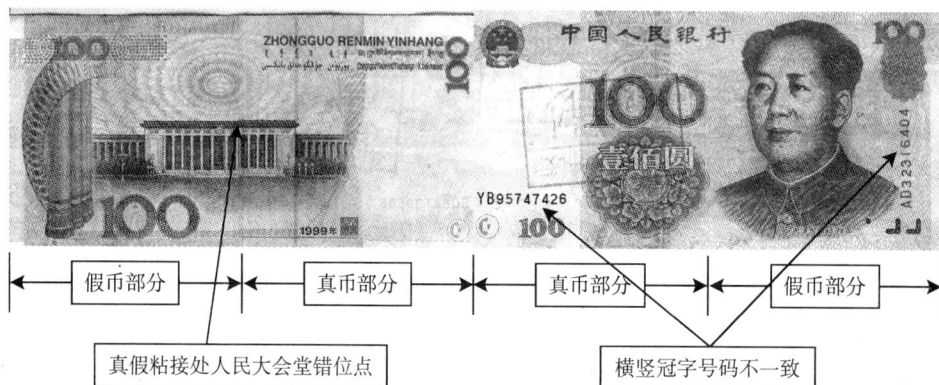

图 3-20　变造币拼凑纸样

三、识别假币

要识别假币可以使用以下四种方法：看、摸、听、测。

(一) 看

1. 看水印

真水印的层次分明、立体感强、透光观察清晰；而假水印则水印模糊、无立体感、变形较大，由浅色油墨加印在纸张正、背面，不需要透视就能看到。

确认水印真假的方法有：

(1) 真钞水印图案轮廓相对清晰，图案造型柔润；而假水印仰光透视，图案轮廓线条会特别清晰，印在钞纸表面的假水印，从侧面倾斜对光看，可见明显的印迹，在紫光灯照射下图案仍清晰可见，真钞却看不见。

(2) 看水印图案的位置是否在正常位置，如果位置与真钞水印图案相差较大，则极有可能是假水印。

（3）真钞水印的人像神态自然，层次有立体感，黑、灰、白颜色过渡自然；而假水印人物神态呆板不自然，有的甚至模糊不清。

（4）真钞水印正反两面，一面较为平整，另一面稍微有些凸起，用手摸有浮凸感。假水印两面都较为平整。有些假水印也有浮凸感，但太浮凸，对光透视水印部位纸张透光度很差，也比别的部位厚。

2. 看安全线

真钞的安全线仰光透视清晰可见，层次清楚，立体感强；人民币纸币在票面正面中间偏左均有一条安全线。

3. 看光变油墨

真钞正面左下方的面额数字采用光变油墨印刷。将垂直观察的票面倾斜一定的角度，能看见纸币左下方的面额数字变色。

4. 看互补图案和颜色

真币图案鲜明，花纹纹路精细清楚，颜色精美，光洁度好；色彩过渡自然准确，线条呈实线状结构；阴阳互补对印图案被应用于 100 元、50 元和 10 元纸币中，真币的正面左下方和背面右下方都印有一个圆形局部图案。仰光透视，两幅图案准确对接，组成一个完整的古钱币图案。

5. 看缩微文字

第五套人民币纸币正面胶印图案中，多处印有缩微文字，可用 5 倍以上放大镜观察票面，观看缩微文字是否干净清晰。

（二）摸

（1）真币是采用特种原料，由专业造钞设备制造的印钞专用纸张印制的，其手感光滑、厚薄均匀、坚挺有韧性。

（2）票面上的行名、盲文、国徽和主景图案一般采用凹版印刷工艺，触摸时有凹凸感，与普通纸张有很大不同。

（三）听

通过抖动钞票使其发出声响，来分别人民币真伪。真币具有挺括、耐折、不易撕裂的特性，手持钞票用力抖动、手指轻弹或两手一张一弛轻轻对称抖动钞票，均能发出清脆响亮的声音。

（四）测

通过验钞机检测钞票的真伪，一般要经过多次检测，并进行手工检验。另外，还可以借助一些简单工具和专业仪器进行钞票真伪识别。

【任务书】

（1）教师将若干张真币和几张假币混在一起为一组（真假币比例可以根据训练情况自行调配），共三组，要求同学在规定时间内（每组测试时间为3分钟）将假币从这三组真假混合币中鉴别出来，并说明辨别的方法。

（2）两名同学为一组，一人进行识别真假币训练，另一人计时，学生可以交替训练。

（3）学生应在最短的时间内挑出所有假币，并说明判断其为假币的原因，即指出防伪点。

需要准备的素材：真假钞票、计时器、海绵缸、笔、纸。

【效果评价】

验钞实训评价如表3-2所示。

表3-2 验钞实训评价表

考核项目	考核标准	得分
职业素养 （20分）	（1）按时出勤，课堂表现好（10分） （2）仪容仪表标准（10分）	
实训能力 （80分）	（1）能够准确地挑出全部假币（40分） 　　　每少挑出一张假币（-5分） （2）能够找到全部的防伪点（20分） 　　　每少找出一个防伪点（-5分） （3）能运用看、摸、听、测的方法来识别假币（10分） （4）具有一定的组织协调能力（10分）	
合　计		

任务三 开票及管理发票

【案例引入】

欢欢是东升超市收银员，一天在给顾客结账时，顾客说："您好，我这些办公用品是给单位买的，能不能开发票给我。"欢欢让顾客拿着购物条去服务台开发票。顾客到了服务台，服务台的小李给他开了票，顾客没有仔细核对，拿了发票就走了。

第二天，这位顾客又找到服务台说："您好，你们昨天开给我的发票金额，小写金额和大写金额不一致，而且给了我两联，发票联和记账联。记账联是不是应该你们保留的?”这时服务台的工作人员刚好是昨天开票的小李，他拿过发票，显得特别尴尬，连忙说：“不好意思，我这就给您改过来。”

请同学们思考下，小李犯了哪些错误呢?

【知识储备】

一、认识发票

发票是人们日常购销商品、提供或接受劳务以及从事其他经营活动中，开具、收取的收付款凭证。它是消费者购物的凭证，也是纳税人在经济活动中的重要凭证。国家进行财务税收检查时，发票是最重要的依据。

在我国，税务机关负责发票的印制、领购、开具、取得、保管、缴销的管理和监督工作。

发票的基本构成要素主要有：票头、字轨号码、联次及用途、客户名称、开票日期、开户银行及账号、品名或经营项目、计量单位、数量、单价、金额、开票单位及开票人。

二、发票分类

发票可以根据品种和版面进行分类。主要分为：

（一）增值税专用发票

全国统一式样，发票票面冠以各省、自治区、直辖市的名称。如图 3–21 所示。

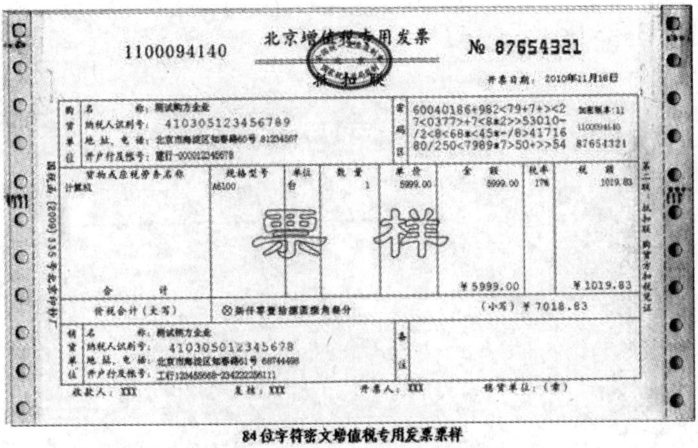

84 位字符密文增值税专用发票票样

图 3–21　增值税专用发票票样

（二）普通发票

发票票面冠以本辖区名称且在辖区内统一式样。如图 3–22 所示。

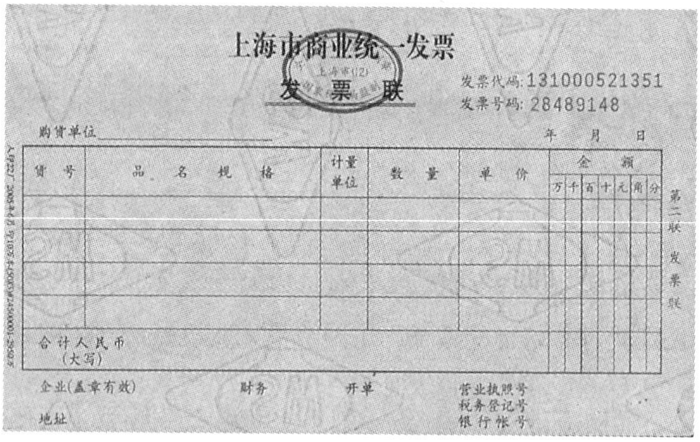

上海市商业统一发票

发 票 联

发票代码:131000521351

发票号码:28489148

购货单位　　　年　月　日

货号	品名规格	计量单位	数量	单价	金额
					万 千 百 十 元 角 分
合计人民币（大写）					

企业(盖章有效)　财务　开单　营业执照号　税务登记号　银行帐号

地址

第二联 发票联

图 3–22　普通发票票样

（三）订购发票

订购发票是指印有订购企业的单位名称并根据企业的使用或用途而制定的式样各异的发票。订购发票是针对特定用户、特定用途的发票。

（四）手写版发票

手写版发票是指手工填写的发票。这类发票按版面设计不同又可分为厂规式发票和剪开式发票。

（五）电脑版发票

电脑版发票又称机打发票，是指利用计算机填开并使用其附设的打印机打印出票面内容的发票。如图 3–23 所示。

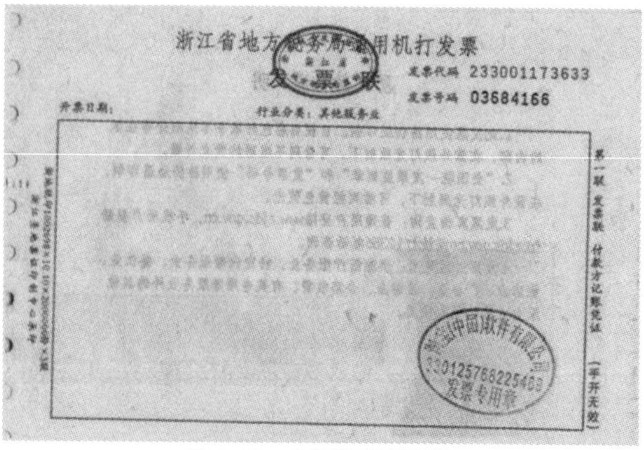

浙江省地方税务局通用机打发票

发 票 联

发票代码 233001173633

发票号码 03684166

开票日期:

行业分类: 其他服务业

第一联 发票联 付款方记账凭证 (手开无效)

图 3–23　电脑版发票票样

（六）定额版发票

定额版发票是指发票票面印有固定的金额（定额）的发票。这类发票主要是防止开具发票时大头小尾，方便特殊行业或有特殊需要的企业使用。如图3-24所示。

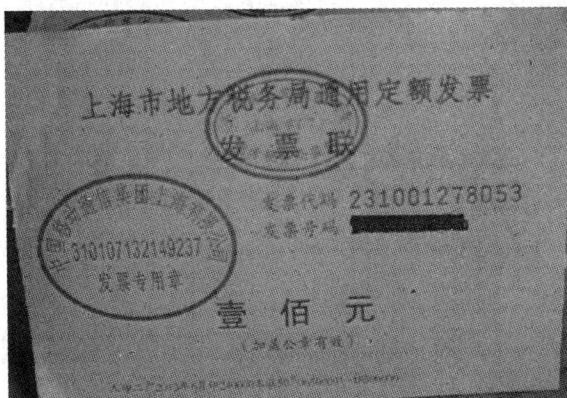

图3-24 定额版发票票样

三、开具发票

收银员开具发票要按照以下几个步骤进行：

（一）领取空白发票

收银员每天上班前从现金办公室领用空白发票，并做好发票领用登记工作。登记内容包括领取者的姓名、工作号、领取的日期以及数量。

（二）填写发票内容

收银员应该先询问顾客要求开发票的单位，然后据实填写发票内容。填写发票的字迹要规范、清晰、端正，不得写错别字。同时各栏目按照要求填写，不得颠倒、漏填、错填。

1. 发票的填写内容

（1）定额发票。收银员开具壹角、贰角、伍角、壹元、贰元、伍元的只需填写"开票日期"。壹拾元、贰拾元、伍拾元、壹佰元需填写"税务登记号"、"付款单位（个人）"、"经营项目"和"开票日期"。

（2）税控卷式发票。税控卷式发票的税务登记号、机打票号、税控装置防伪码和税控装置号为税控装置前置内容（税控装置初始化完成）。

收银员应用机打方式填写收款单位、付款单位（个人）、经营项目、大（小）写金额和开票日期。

（3）税控装置打印发票的税务登记号、机打票号、税控装置防伪码和税控装置号为税控装置前置内容（税控装置初始化完成）。

收银员应用机打方式填写收款单位、付款单位（个人）、经营项目、大（小）写金额和开票日期。

（4）税控装置打印发票和一种机打发票（五种全国统一名称）。税控卷式打印发票和一种机打发票的税务登记号、机打票号、税控装置防伪码和税控装置号为税控装置前置内容（税控装置初始化完成）。

收银员应用机打方式填写经营内容（按式样要求设置填写项目）。

2. 发票的填写规范

（1）大写数字的基本要求。汉字大小写金额必须相符且填写规范。汉字大写数字金额如零、壹、贰、叁、肆、伍、陆、柒、捌、玖、拾、仟、万、亿等，一律用正楷或者行书体书写，不得用0、一、二、三、四、五、六、七、八、九、十等简化字代替，不得任意自造简化字。大写金额数字到元或者角为止的，在"元"或者"角"字之后应当写"整"字或"正"字；有分的，分字后面不写"整"或"正"字。

（2）货币符号的书写要求。中文大写金额数字前应标明"人民币"字样，大写金额应紧贴"人民币"字样填写，不得留有空白。大写金额前未印有"人民币"字样的，应加写"人民币"三个字。

小写金额用阿拉伯数字逐个书写，不得写连笔字。在金额前要填写人民币符号"¥"，人民币符号与阿拉伯数字之间不得留有空白，金额数字一律填写到角、分；无角、分的，角位和分位可写"00"，或者符号"－"；有角无分的，分位应写"0"，不得用符号"－"代替。

（3）"零"的书写要求。金额中有阿拉伯数字"0"的，汉字大写金额要写"零"字。如：¥1409.50，应写成人民币壹仟肆佰零玖元伍角整。

金额中间连续有几个阿拉伯数字"0"时，汉字大写金额中可以只写一个"零"字。如：¥7008.51，应写成人民币柒仟零捌元伍角壹分。

金额中元位是阿拉伯数字"0"，或者数字中间连续有几个"0"、元位也是"0"但角位不是"0"时，汉字大写金额可以只写一个"零"字，也可不写"零"字。如¥107000.53，应写成人民币壹拾万柒仟元伍角叁分，或者写成人民币壹拾万零柒仟元伍角叁分。

（4）填写日期。票据的出票日期必须使用中文大写。

填写月、日时，月为壹、贰和壹拾的，日为壹至玖的，应在前加"零"，日为拾壹至拾玖的应在前加壹。

3. 填写机打式发票

（1）进入发票管理系统。

开始→程序→税控发票管理系统。

（2）开具发票。

①开具机打式发票的操作方法：

点击"正常票"→选择发票类型→确定→在窗口右上角的发票编号中填写18位将要打印的机打号码→再填写发票内容和金额→点击"开票"→屏幕上会出现提示信息：请再一次确认发票号是否正确，确认无误后，单击"确定"→屏幕上会提示：开票成功→确定，打印机开始打印发票。

②退票。收银员开出的发票若有误或者不符合客户的要求，客户可以要求重新开具发票。在客户退回原发票的情况下，将此发票做退票登记，再重新开具。操作方法：点击"退票"→选择发票类型→输入18位退票号码和原票金额→退票登记。

③废票。由人为因素导致的票据不能使用，且此票的金额未存入机器中，称为"废票"。

废票的操作方法：点击"废票"→选择废票类型→输入18位废票号码→废票登记。注意，出现废票时，一定要及时处理，否则会出现错票。

④错票。错票是指发票机打号码与发票印刷号码不一致。

错票的操作方法：

a. 先做一张错票登记，点击"错票"→选择发票类型→输入错票印刷号码→输入错票机打号码→完成错票登记。

b. 再把引起错票的那张废票做废票登记。点击"废票"→选择发票类型→输入废票号码→完成废票登记。

c. 最后在正常票中，把窗口右上角的发票编号改成将要打印的下一张发票号码。

4. 发票盖章

在填写完成的发票上，必须加盖本单位的发票专用章。盖章时要用力均匀，保证印章的完整和清晰。

（三）在小票上盖章

收银员开具发票后应该在客户的购物小票上加盖"发票已开"的专用章，避免重复开具发票。

（四）整理发票

1. 整理手填式发票

手填式发票一般一式三联，首联作为记账凭证，次联作为报销凭证，即发票联交顾客，末联作为存根。将发票的次联交给客户后，剩下的两联要按发票号码顺序分类整理。

2. 整理机打式发票

税控机打式发票的开票信息都保存在税控发票机的硬盘中，为防止信息的损坏及丢失，应定期进行系统维护。

（1）数据备份。点击"数据备份"→备份→目录存放在软件的安装路径→确定。收银员每天下班之前，都应做一次备份。

（2）数据恢复。点击"数据恢复"→选择恢复的日期→恢复→确定。在数据丢失的情况下，可以通过数据恢复，对备份的数据进行还原。

（3）清库。清除电脑内数据库中所有开票的明细，若在清库之前做了备份，还可以恢复电脑中的数据。

（五）上交发票

收银员应在下班前，将整理好的发票存根联和作废的发票、没有使用的发票上交现金办公室，核销领取的空白发票数量。作废的发票必须将一式三联一起上交。上交时，填写"发票领用存日报表"，如表3-3所示，连同各种发票及存根一起上交收银室。

表3-3　发票领用存日报表

纳税人名称（章）　　　微机编码　　　填表日期：　年　月　日　　　发票单位：　份

发票种类	发票代码或版别	期初库存		本期领购		本期开具		本期作废或遗失		交回未开发票		期末库存		备注
		份数	发票号码	份数	发票号码	份数	发票号码	份数	发票号码	份数	发票号码	份数	发票号码	
		1	2	3	4	5	6	7	8	9	10	11	12	
专用发票														
	合计		—		—		—		—		—		—	
普通发票										0				
	合计		—		—		—		—		—		—	

栏次关系：11栏=1栏+3栏-5栏-7栏-9栏

四、发票的保管

发票的保管应注意以下几个方面：

（1）单位和个人应当建立发票使用登记制度，设置发票登记簿，并定期向税务机关报告发票使用情况。

（2）单位和个人应当在办理变更或者注销税务登记的同时，办理发票和发票领购簿的变更缴销手续。

（3）使用发票的单位和个人应当妥善保管发票，不得丢失。发票丢失，应当于丢失当日向当地税务机关做书面报告，并在报刊和电视等传播媒介上公告声明作废，并接受国家税务机关的处罚。

（4）开具发票的单位和个人应当按照国家税务机关的规定存放和保管发票，不得擅自损毁。已经开具的发票存根联和发票登记簿，应当保存五年。保存期满，报经主管国家税务机关查验后销毁。

有关发票管理的规定，请参照附录5《中华人民共和国发票管理方法》。

五、作废发票的处置

（1）作废的发票，应登记在"作废发票记录本"上。"作废发票记录本"的格式应为一式两联，其中一联可随同作废发票转给会计或其他相关部门，另外一联可由收银部门自己保存。

（2）"作废发票记录本"上的所有记录及签名必须如实填写。所有作废发票的办理应在营业总结账之前办理妥当，不可在结账后才补办。

（3）若将作废的发票遗失，则视为营业款短缺，应由管理发票人员自行负责，以免以此作弊。

（4）如果同一笔交易有三张发票，只有其中一张发生错误时，应将三张发票同时收回一并办理作废，再重新登录三张新发票。

【任务书】

模拟开具发票的流程，让学生扮演收银员的角色，完成开具发票的五个步骤。

【效果评价】

开票实训评价如表3-4所示。

表 3-4　开票实训评价表

考核项目	考核标准	得分
职业素养 （20分）	（1）按时出勤，课堂表现好（10分） （2）仪容仪表标准（10分）	
实训能力 （80分）	（1）能按照规定领取空白发票（30分） （2）能正确填写发票中购销双方的实际情况（20分） （3）能准确填写数字金额的大小写（20分） （4）能准确填写发票日期（10分）	
合　计		

项目四　收银操作技能

【项目介绍】

本项目主要学习和训练收银的基本操作技能，介绍收银操作流程，以及在每个收银环节中的具体操作技能。主要的收银操作流程有：扫描商品、消磁、装袋、合计金额、唱收唱付唱找、感谢客户和服务下一位客户。

在这个流程中，收银员需要学习和训练的内容主要有：扫描条形码、手工录入商品条码、商品消磁、现金收银操作、找零、收银卡收取操作、装袋。

【项目要求】

熟练掌握收银操作流程中的每一个环节，对每一个环节的收银技能进行反复训练，提高操作熟练程度，做到能够迅速、准确、独立地完成收银步骤。

任务一　收银操作流程

【案例引入】

在经过三天的培训以后，收银实习生小刘终于可以上岗了。今天是小刘第一天收银，由于没有经验，刚上岗就出了一些状况。比如，对POS机的操作不熟练，收银过程表现非常紧张让顾客觉得服务态度很差，甚至在下班前核对金额的时候，发现少了50元。下班后，小刘非常沮丧，觉得自己没有信心做好这份工作。

小刘的同事走过来劝她说："小刘，不要难过。你只要按照培训时主管讲的收银操作流程仔细做，并在平时多练习，肯定很快就能把工作做好的。"

那么，我们要按照怎样的流程来操作呢？

【知识储备】

一、收银的日常管理

1. 收银排班

收银过程中，排班是很重要的，排班的合理与否对收银工作效率及质量都有着重要的影响。因此，收银排班时，要根据企业的情况进行有效分析，这样才能最大限度地让收银工作与企业的实际业务情况相匹配。

收银排班的原则主要有以下四点：

（1）收银五人原则。指保证每一台收银机前排队等候结账的顾客一般不超过五个人，从而保证能及时向顾客提供收银服务。

（2）排班简单原则。指排班要尽量使收银员每周的班次简单易记，如每周上同一班次，而不是一周内两三个班次轮换。

（3）匹配营业交易原则。指排班要与不同时段的营业额、结账顾客相匹配，营业高峰期开机数量多，营业低峰期开机数量少。

（4）成本原则。指将总工时控制在企业要求的范围内，避免收银员闲置，有效减少人力开支，更好地体现企业低成本经营的策略。

2. 收银员的工作要求

（1）遵守收银员服务规范，按规范进行服务。

（2）上岗前必须保证工作服干净整洁，头发梳理整齐，胸牌佩戴整齐。

（3）领取备用金，并清点清楚。

（4）领取购物袋、收银小票，并做好领用登记。

（5）营业前检查主机、打印机、消磁系统及扫描枪等是否处于正常状态。

（6）对卖场的整体经营布局及各类商品的品名、分类、规格、单价要熟悉了解。

（7）收银工作流程规范、熟练，对于出现错扫、漏扫现象一律以违规处理，由当事人赔偿与之相等的金额。

（8）收银员要对自己的工号及密码严格保密，收银工作不得由他人代办。

（9）任何情况均不能擅自红冲小票，只可到服务台办理退货手续。

（10）收银员不得利用自己的工作之便使用黄金卡进行积分，使用完会员卡后应及时将卡还给顾客。

（11）营业中要热情接待每一位顾客，微笑服务，并使用收银导语礼貌待客，不允许与顾客发生任何争执。

（12）随时保持收银台及周边卫生，收银台下的杂物及相关用品应放在尽量隐蔽的位置，以保持工作环境美观。

（13）收银过程中如发生打印机未出纸现象，收银员应在第一时间通知主管及防损人员进行处理。

（14）在收银过程中，不经主管同意，收银员不得擅自离开收银机台。

（15）收银员在交接班时要注意左右机台的协调，不能同时"暂停收银"的服务。

（16）营业结束后，做好收银台的清洁卫生工作，并关闭 POS 机及消磁器等相关设备，盖好防尘罩。

二、收银的操作流程

1. 收银操作的总体流程

收银的总体流程分为三个步骤：

（1）营业前的收银准备工作。

（2）营业时的收银操作。

（3）营业后的收银结束操作。

按照收银操作总体流程的要求，把每个步骤做好，是每一位收银员必须履行的职责。

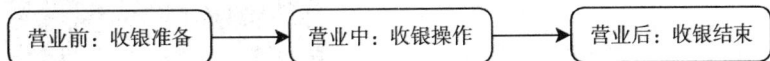

营业前：收银准备 ➡ 营业中：收银操作 ➡ 营业后：收银结束

2. 营业前的收银准备流程

（1）收银员上下班和用餐前后均须按要求打卡记录考勤，未按规定要求打卡的，将被视为缺勤，并扣除相应工资；代其他人打卡，将被视为严重违纪行为。目前很多超市采用的是指纹打卡。如图 4-1 所示。

图 4-1　指纹打卡机

（2）收银员上岗前必须按照规定，整理好自己的仪容仪表。

（3）收银员上岗前必须参加由收银主管组织的晨会，晨会的内容主要是总结前一天的工作，布置当天的工作，并强调相关的注意事项。

（4）超市的每个收银台都有相对应的机台号码，晨会结束后，收银主管会安排收银员的收银岗位，收银员须记好要上岗的机台号码，对号上岗。

（5）收银员上岗前须领用相关的收银用具，这些收银用具包括备用金、购物袋、海绵缸、抹布和收银小票。除此之外，收银员还可根据工作需要，自备用具，如笔、计算器、夹子等。如图4-2所示。

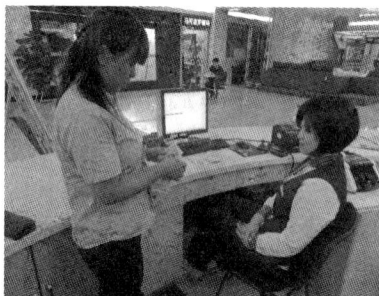

准备备用金

购物袋

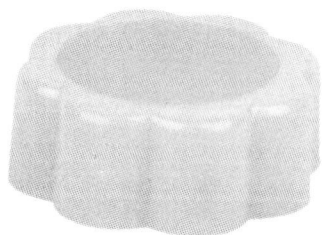

海绵缸

收银小票

笔

计算器

夹子

图4-2 收银用具

（6）收银上岗前须对收银台及其周边进行清洁整理，包括整理收银机台面、清洁收银机设备、整理收银柜、清洁地板及垃圾桶，还包括收银台前货架的理货工作，即整理补充品、清洁灰尘、核实价签等。

（7）收银员上岗前须将领取的收银用具放置在相应的位置，包括将购物袋挂在收银台边缘、将收银小票安装在小票打印机上、将备用的收银小票放在收银柜中，还包括将海绵缸、抹布、笔、计算器和夹子等放在方便自己使用的位置。

（8）收银员开机后，须检查系统日期、开机状态、收银系统是否正常，并检查扫描设备、消磁设备、刷卡设备等相关收银设备是否处于正常状态。

（9）收银员输入自己的工号和密码，登录系统，如图 4-3 所示。

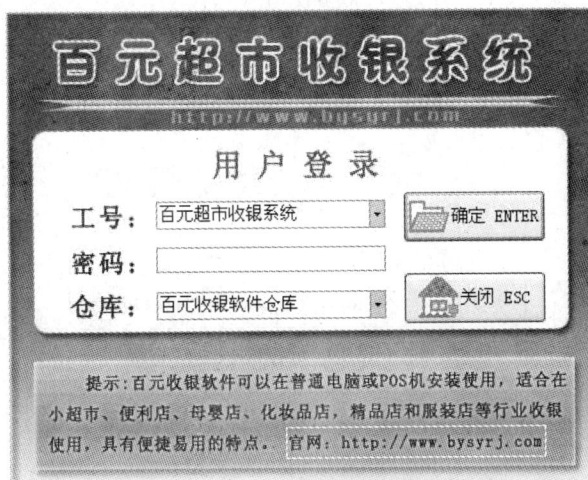

图 4-3　收银员登录系统

（10）收银员将领用的备用金整理整齐，有序地放到钱箱后进入收银界面。如图 4-4 所示。

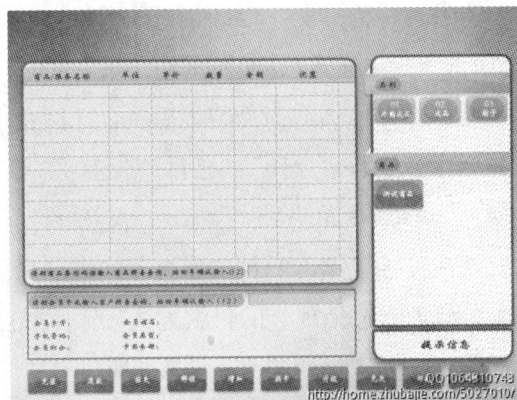

图 4-4　收银界面

通过对营业前收银准备工作的介绍，我们了解了收银员在这个阶段的准备内容，以下流程图能够反映营业前收银准备的工作步骤。如图4-5所示。

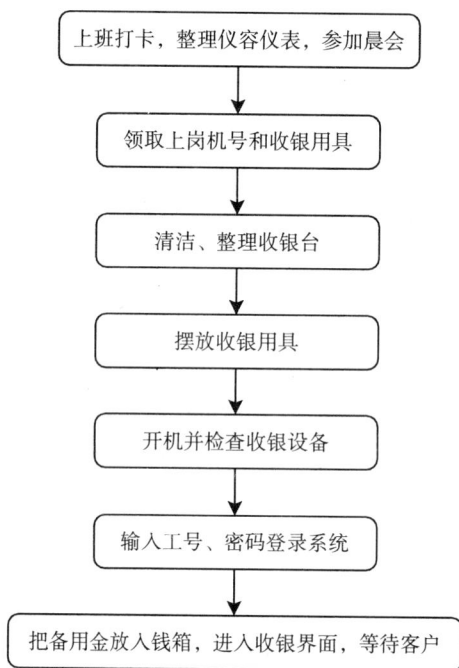

图4-5 营业前收银准备工作流程

3. 营业中的收银操作流程

（1）迎接顾客。严格按照收银员职业素养和礼仪规范为顾客服务，用热情和积极的态度欢迎顾客，并使用礼貌用语。如"请"、"欢迎光临"。

（2）扫描商品。收银员应迅速地将顾客放在收银台面上的商品扫描，并将已经扫描过的商品与未扫描的商品摆在不同的地方以示区分。

（3）消磁。对于需要消磁的商品，收银员应将其消磁。

（4）装袋。收银员将所有商品扫描后，应帮顾客将商品装袋，周到服务。

（5）合计金额。收银员将顾客购买的商品装袋后，合计消费金额。按键盘上合计总额的功能键，POS机主显示器会显示"合计"、"已付"、"应付"和"找零"的窗口。收银员应告知顾客其消费金额："一共×××元。"

（6）唱收唱付唱找。收银员接过顾客所付的现金后，辨别真伪。经核实后，对顾客说："收您×××元。"然后在键盘上选择现金的付款方式，输入顾客所付的金额，按相应的结算键，POS机主显示器会显示"合计"、"已付"、"应付"和"找零"。

钱箱打开后，收银员须将顾客所付的现金放入钱箱并按照结算窗口中"找零"的金额进行规范的找零操作，将钱递给顾客的同时要对顾客说："找您×××元。"

（7）感谢并交小票给顾客。收银员须将购物袋、商品、找零款和收银小票等一并交给顾客。并提醒顾客拿好所有物品，避免产生不必要的误会。

4. 营业后的收银结束流程

（1）放置"暂停收银"的牌子。收银员若换班或下班需要停止收银时，将"暂停收银"的牌子放置在收银台的显眼位置，让顾客能够较容易地看到，并继续为已经在排队的顾客提供收银服务。

（2）按收银系统要求执行班结程序。

（3）整理现金及相关凭证票据。将营业款和备用金分别整理好，装入钱袋。信用卡单、现金抵用券、收银小票存根等单据在收银过程中需用夹子分类夹好，妥善保管。遗失凭证票据将被视为违规。

（4）退出收银系统，关机并切断电源。收银员下班应将收银系统退出，关闭 POS 机，切断电源。

（5）区域清洁整理。将收银台及周边的卫生打扫、清理干净。

（6）将营业款、备用金及相关凭证票据交至收银中心。将营业款、备用金、相关凭证票据和收银用具整理好，交还收银中心。

（7）填写交款单据，核实无误后签名。收银员在交还了款项和凭证单据后，应按要求填写缴款单，与收银中心核实后确认签名。若出现长款和短款，收银员应对此负责。

（8）下班打卡。

【任务书】

训练学生在收银过程中的三个阶段的准备。让学生熟悉营业前、营业中和营业后收银员工作的流程。做到不忘、不漏每个步骤。

（1）将学生分成三组，分别训练营业前、营业中、营业后的工作流程。

（2）由学生扮演收银员和顾客，收银员应按照三个阶段的步骤完成每个阶段的工作。

教师需要准备的素材：备用金、购物袋、海绵缸、夹子、POS 机、计算器、收银小票、桌子等。

【效果评价】

收银操作流程实训效果评价如表 4-1 所示。

表 4-1 收银操作流程实训效果评价表

考核项目	考核标准	得分
职业素养 （20 分）	（1）按时出勤，课堂表现好（10 分） （2）仪容仪表标准（10 分）	
实训能力 （65 分）	（1）积极参加小组角色扮演（5 分） （2）积极参加晨会，表现良好（5 分） （3）熟悉各种收银用具并将其放置在适当的位置（10 分） （4）能够熟练登录收银系统并检查收银设备（10 分） （5）能够熟练完成角色扮演的收银流程（15 分） （6）能够熟练地运用 POS 机键盘的常用功能（10 分） （7）具备良好的团队合作精神（5 分） （8）具备一定的组织协调能力（5 分）	
知识技能 （15 分）	（1）能够复述收银岗位职责（5 分） （2）能够复述收银操作流程（10 分）	
合　计		

任务二　扫描条形码

【案例引入】

小华是超市收银的好手，速度快、效率高，每次超市人流量大的时候，小华所在的收银台顾客流动总是最快的，顾客对她的服务非常满意。可是小风却与小华截然相反，小风的收银台前每次都有顾客抱怨她工作效率太低，小风因为这事也非常懊恼，究其原因是她每次在扫描商品的时候都不熟练，有时扫不到商品，有时出现错误要重新扫描，耽误时间。那么，如何提高扫描商品的速度呢？

【知识储备】

一、条形码扫描的内涵

收银员扫描商品是通过条形码扫描器对商品上的条形码进行扫描，利用光线反射回的光源转译成可辨别的数字，以确认是否为已建档商品代号，实现无键盘销售。因此，商品扫描是指收银员用扫描器或手工录入的方式扫描商品，获取商品信息的操作过程。商品扫描是收银过程中必不可少的一个环节。

二、条形码扫描的方式

收银员在收银过程中要对顾客所购买商品上的条形码进行扫描，以录入商品销售信息。条形码扫描的方式主要有两种，即机器扫描和人工扫描。

（1）机器扫描。机器扫描即用条形码扫描器对商品的条形码进行扫描。

（2）人工扫描。人工扫描即对机器多次扫描无效的条形码改用手工输入的操作方式进行扫描。

三、条形码扫描的原则

进行条形码扫描的原则主要有以下三点：

（1）快速扫描原则。快速扫描要求收银员以最快的速度对商品的条形码进行扫描，因此收银员必须熟悉一般商品条形码印刷的位置，扫描时要保证条形码正对着扫描器或扫描枪等。快速扫描是提高收银员工作效率、减少顾客排队等候时间的重要措施。

（2）无漏扫描原则。无漏扫描是指收银员在结账时，要保证顾客所选购的每一件商品都被有效扫描过，在顾客已付款的商品中也无商品遗漏扫描。遗漏扫描会直接造成企业的经济损失，因此保证无漏扫描是收银工作的重点之一。

（3）无多扫描原则。无多扫描是指收银员在扫描商品时，要保证对每一件商品只需有效扫描一次。多扫描会导致顾客的多付款及引起顾客投诉。

四、扫描条形码的基本操作流程

（一）基本操作流程

收银员在给顾客扫描商品时，须遵循以下基本操作流程，如图4-6所示。

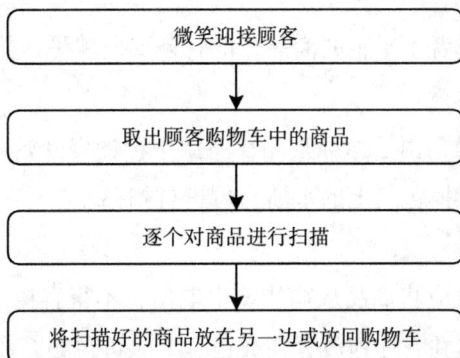

微笑迎接顾客

↓

取出顾客购物车中的商品

↓

逐个对商品进行扫描

↓

将扫描好的商品放在另一边或放回购物车

图4-6　扫描条形码基本操作流程

(二) 操作技巧及要领

1. 微笑欢迎顾客

收银员在未接待顾客时应面向正前方规范站立,顾客携带商品前来付款时收银员应使用文明礼貌用语并向顾客微笑致意,同时身体半侧转面向顾客,双手向前承接顾客所购商品。

2. 对准扫描器扫描商品

收银员必须熟悉一般商品的条形码位置,迅速地把商品条形码对准扫描器。

注意:收银员扫描的是条形码的条、空,而不是数字。如图4-7所示。

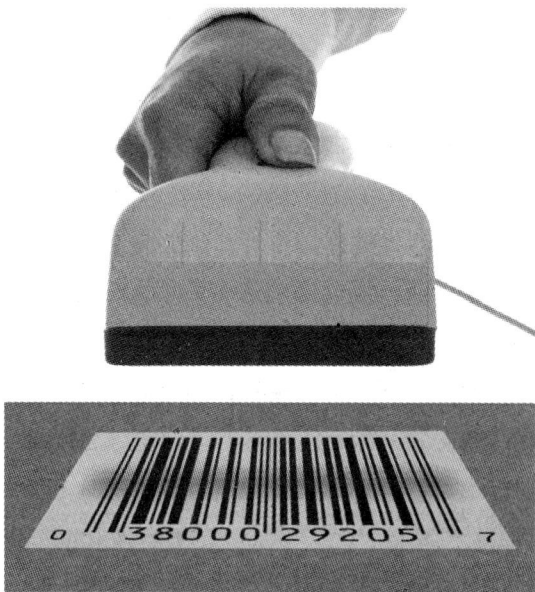

图4-7 扫描条形码的条、空

3. 将平褶皱的条形码

对于条形码有褶皱或者不平整的商品,应将条形码摊平,然后再进行扫描。

4. 擦拭条形码上的水渍

对于冰冻食品的扫描,由于冰冻食品在室温中会慢慢开始融化,包装袋上会出现水渍。扫描前应用抹布擦拭掉包装上的水渍,再进行扫描。

5. 取出商品

收银员在扫描商品时应将商品从购物篮中取出,不得直接在购物篮内扫描,直接装在推车内的商品应先取出并有序地放置在收银台上(可请顾客取出),然后逐个扫描。

6. 优先处理易碎商品

收银员拿取篮内或推车内商品时,应先将易碎商品及分量较重商品取出扫描装袋,然后将购物篮侧翻，对其余商品进行逐个扫描操作。

7. 按类别依次扫描

收银员对商品扫描前应先查看顾客选购的所有商品，对装袋数量及大小做大致判断，然后按类别对商品进行依次扫描。

8. 扫描时略作停顿

商品在经过固定式条形码阅读器有效阅读范围内略作停顿，完成扫描。收银员切勿大幅晃动商品，以避免多扫。

9. 异响的处理

扫描时，收银员应注意聆听条形码阅读器发出的嘀鸣，声音异常时应查看 POS 机主显示器显示的读码状况，每完成 2~3 个商品扫描操作（最好扫描一件商品看一下 POS 机主显示器）后，收银员应略看 POS 机主显示器上的商品名称、价格和数量是否正确，有疑问应做进一步查看。切勿不看 POS 机主显示器进行连续扫描商品操作，以避免错扫或漏扫现象的发生。

10. 同种商品的扫描

收银员对同种商品数量较少时可逐个进行扫描，不得对同一商品连续扫描代替逐个扫描。例如，商品名称都是"旺仔牛奶"，但因为是三种不同口味，属于三件不同单品，应逐个扫描，而非对某一单品扫描三次。

商品数量较多时，收银员应键入数量并核对与实物数量是否一致。例如，商品名称都是"旺仔牛奶"，且四件商品都属于同一口味（原味），扫描时有两种方法：①只对其中一瓶连续扫描四次。②对其中一瓶扫描一次，然后在键盘上以数量键键入。

11. 相似商品的处理

对包装相近的商品须辨明清楚，收银员应避免将不同商品误作为同一商品以数量键键入的情况发生。例如，顾客购买三瓶啤酒，包装相似，但属于两种商品，扫描时应避免将它们误作为同一商品进行扫描，而应分别进行扫描。

12. 赠品的处理

对包装在一起的搭送赠品进行扫描时，收银员应避免将赠品条形码误作为商品条码进行扫描。

13. 对整箱商品的处理

顾客购买原封整箱商品时，收银员应找到包装箱上内装商品数量的说明（规格），对相应单品进行扫描，并以数量键键入。

注意：包装键入的数量正确与单品取样正确。

若整箱商品在扫描时收银员发现包装或封条已经拆开或有拆开痕迹，应开箱检查商品并清点数量。对有可疑现象的不透明外包装，收银员可以打开包装查看商品。

14. 其他处理

（1）经过扫描的商品应放置在收银出口一侧，与未扫描的商品保持一定的距离，防止重复扫描现象的发生，否则容易导致顾客多付款，引起顾客投诉。

（2）收银员在扫描商品时应具备一定的防损意识，对某些特殊的商品如化妆品、牙膏等，在扫描完毕后须打开包装，与商品实物进行核对。

（3）对于顾客临时决定不购买的商品，收银员应将其放在收银台的指定区域，等待相关工作人员整理。

（4）如果遇到用机器扫描的方法无法进行正常扫描的商品，则须用手工录入商品条形码方式进行商品扫描。

（三）条形码扫描例外处理

收银员对商品的条形码经过多次扫描都不成功的情况称为条形码扫描例外。常见的条形码扫描例外及处理原则如下：

1. 条形码失效

条形码失效一般是由于商品上的条形码损坏、有污渍、磨损或条形码印刷不完整、不清楚而导致的。

对条形码失效的处理原则是：在同样商品中找到正确的商品条形码，然后用手工输入的方式解决；对于印刷不完整、不清楚的条形码应重新计价印刷。

2. 条形码无效

条形码无效一般是由于商品上的条形码编码错误、条形码重复使用或使用了假码而导致的。对条形码无效的处理原则是：核实商品的售价后将商品售卖，并且将该例外进行记录，通知有关管理人员进行解决。

3. 多种条形码

多种条形码一般是由于商品的包装改变或促销装商品的赠品条形码有效而导致的。对多种条形码的处理原则是：核实正确的条形码然后通知有关管理人员改正所有的非正确条形码，对错误的条形码应予以完全的覆盖。

4. 无条形码

商品无条形码一般是由于商品本身无条形码、自制条形码脱落或商品的条形码丢失而导致的。对商品无条形码的处理原则是：首先要找到正确的条形码，用手工扫描的方式输入，还要通知有关管理人员对剩余商品的条形码情况进行及时的检查。

【任务书】

任务：扫描商品条形码。

将学生分为两人一组，一人进行商品扫描训练，另一人计时，扫描 10 件商品计时一次，10 件商品应混合易扫描和不易扫描的商品。学生可以交替训练。

需准备的素材：收银台或桌子、POS 机、条形码扫描器、商品若干件（混合易扫描和不易扫描的商品。易扫描的商品，如薯片、火腿肠、纸巾、书等；不易扫描的商品，如速冻食品、独立包装的肉干、笔等）。

【效果评价】

扫描条形码实训效果评价如表 4-2 所示。

表 4-2　扫描条形码实训效果评价表

考核项目	考核标准	得分
职业素养 （20分）	（1）按时出勤，课堂表现好（10分） （2）仪容仪表符合标准（10分）	
实训能力 （65分）	（1）微笑欢迎顾客（5分） （2）快速扫描商品条形码（5分） （3）扫描成功率高（10分） （4）商品数量扫描准确（10分） （5）扫描综合效率高，速度快（15分） （6）能够迅速处理扫描中遇到的问题（10分） （7）具备良好的团队合作精神（5分） （8）具备一定的组织协调能力（5分）	
知识技能 （15分）	（1）能够复述扫描条形码的基本流程（5分） （2）能够复述扫描条形码时的要点和技巧（10分）	
合　计		

任务三　手工录入商品条形码

【案例引入】

今天超市在做冷冻水饺的促销活动，顾客的购物量非常大，几乎每位顾客都购买了冷冻水饺。收银员小黄也因此而有些困扰，原因就在于扫描冷冻水饺的速度非常慢。有些冷冻水饺由于不好扫描，需要收银员手工录入商品的条形码，小黄在手工录入方面并不熟练，因此影响了工作效率。

【知识储备】

一、手工录入商品条形码的含义

手工录入商品条形码是指对于那些用条形码扫描器无法扫描的商品，采用手工录入商品条形码的数字字符的方法。

手工录入商品条形码要求收银员在确认无法用条形码扫描器扫描时，快速、准确地在POS机中输入商品条形码的数字字符。如图4-8所示。

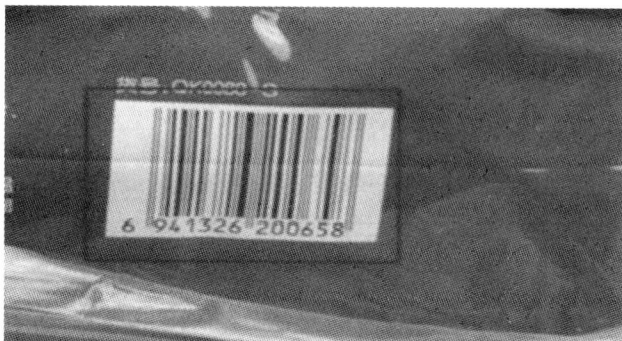

图4-8　商品条形码的数字字符

二、手工录入商品条形码的基本操作流程

（一）手工录入商品条形码的操作流程（见图4-9）。

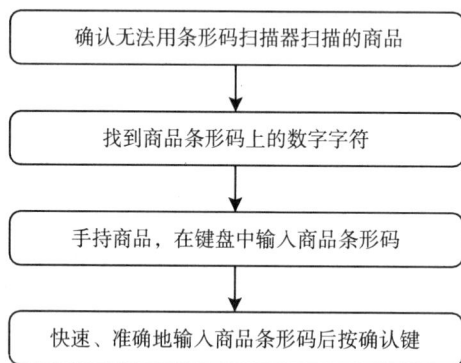

确认无法用条形码扫描器扫描的商品

找到商品条形码上的数字字符

手持商品，在键盘中输入商品条形码

快速、准确地输入商品条形码后按确认键

图4-9　手工录入商品条形码的操作流程

（二）操作要点与技巧

（1）收银员进行商品扫描操作时，应首先尝试用条形码扫描器进行扫描。这样，扫描速度比手工录入的速度要快，能够有效地提高工作效率，节约顾客结账时间。手工录入商品条形码与机器扫描商品条形码效果评价标准的比较如表4-3所示。由此可见，扫描商品的首选是用条形码扫描器进行扫描。

表4-3 机器扫描与人工扫描的效果评价标准对比

对比项目	机器扫描商品条形码	手工录入商品条形码
商品件数	10件	8件
商品要求	易扫描与不易扫描商品搭配	无
速度要求	40秒内完成	1分钟内完成

（2）一般要求用条形码扫描器扫描2~3次仍无法正常扫描的商品，应立刻采用手工录入方式。不得多次用条形码扫描器扫描无效后仍坚持尝试，以免影响收银速度，为顾客带来不便。

（3）确认无法用条形码扫描器扫描后，应迅速找到商品条形码的数字字符，以提高收银速度。

（4）收银员应一手持商品，使商品条形码的数字字符清晰可见，一手在键盘上录入商品条形码，最好能够实现盲打，即眼睛只看商品条形码，不看键盘，这样可有效提高操作速度。此项操作须进行不断的强化训练，训练时可以用商品条形码，也可用随机组合的数字。

（5）手工录入商品条形码后要进行核对，确认录入准确后再按确认键，否则需要重新录入。

（6）对手工录入的散装商品，收银员要有防损意识，对商品和价格进行适当的核对，以免给超市带来损失。

【任务书】

1. 训练学生盲打技能

要求：（1）学生先随意写下50组13位数的商品条形码，进行盲打技能训练。

（2）学生每天进行1小时盲打训练，并在第二天提交给老师。

2. 手工录入商品条形码训练

要求：（1）学生抄下20组商品条形码，进行手工录入训练。

（2）一名学生手工录入商品条形码，另一名学生计时，150秒内完成20组商品条形码的录入。

（3）学生交替进行训练。

需要准备的素材：POS机或电脑、计时器、笔、纸等。

【效果评价】

手工录入商品条形码实训效果评价如表4-4所示。

表4-4　手工录入商品条形码实训效果评价表

考核项目	考核标准	得分
职业素养 （20分）	（1）按时出勤，课堂表现好（10分） （2）仪容仪表标准（10分）	
实训能力 （65分）	（1）手工录入商品条形码的速度（15分） （2）能快速、准确地找到条形码位置（15分） （3）能够准确无误地进行盲打（15分） （4）能够迅速地完成手工录入商品条形码的基本流程（10分） （5）具备良好的团队合作精神（5分） （6）具备一定的组织协调能力（5分）	
知识技能 （15分）	（1）能够复述手工录入商品条形码的基本流程（5分） （2）能够复述手工录入商品条形码的要点和技巧（10分）	
合　　计		

任务四　商品消磁

【案例引入】

顾客李婷到华润超市买完商品后，在出门时出口的监测器突然发出警报声，引来保安和购物群众的围观。保安检查完她的商品后，发现有个圣诞帽没有消磁，因而无法通过监测器，于是让李婷把圣诞帽重新交给收银员小娟消磁。这件事引起了李婷的极度不满，她认为收银员的不负责任使她很难堪，再也不想来华润超市购物了。而这时的收银员小娟也十分懊恼，由于自己对消磁业务不熟练，出现了漏消磁的失误。

【知识储备】

一、商品消磁的含义

商品消磁是指收银员用机器或手工的方式对商品消磁，解除商品报警的操作过程。这项操作一般在商品收银过程中完成。

二、EAS系统

EAS（Electronic Article Surveillance）系统又称电子商品防窃（盗）系统，是目前大型零售行业广泛采用的商品安全措施之一。EAS系统主要由监测器（Sensor）、解码器（Deactivator）和电子标签（Electronic Label and Tag）三部分组成。如图4-10所示。

监测器

电子标签

消磁板（大）解码器（小）

图 4-10 EAS 系统

电子标签分为软标签和硬标签，软标签是直接黏附在较"硬"的商品上，主要用于保健品、化妆品、磁带、CD、电池、糖果等。软标签是一次性的，不能循环利用，具有隐藏性。硬标签多用于服装、内衣、皮具、皮鞋、食品等柔软、易穿透或瓶装的商品上，须配备专门的取钉器。付款后，收银员手工用取钉器将标签取下收回。电子标签如图 4-11 所示。

软标签

硬标签（1）

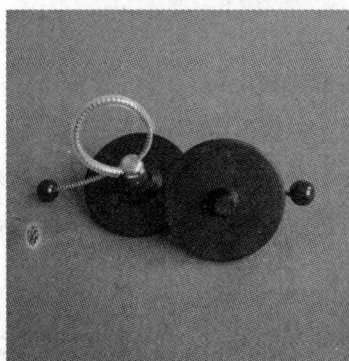
硬标签（2）

取钉器

图 4-11 电子标签

三、消磁的基本方法

（1）机器消磁。用消磁器进行消磁的方式，适用于软标签。

（2）人工消磁。用手工进行消磁的方式，适用于硬标签。

四、商品消磁的原则

（1）快速消磁。以快捷的速度将每一件已经扫描成功的商品进行消磁。

（2）无漏消磁。保证每一件需要消磁的商品都经过消磁且消磁成功，包括熟悉商品消磁的正确方法和有效的消磁空间，掌握需重点消磁的商品。

（3）保护商品。进行硬标签手工消磁时，不能损坏商品，应轻取轻拿。

五、商品消磁的基本操作流程

（一）基本操作流程

商品消磁的基本操作流程如图 4-12 所示。

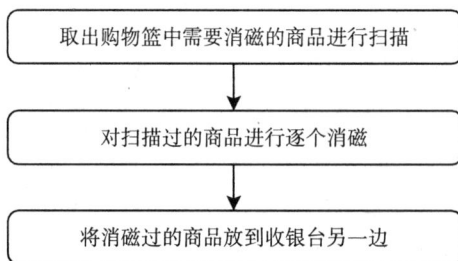

图 4-12　商品消磁的基本操作流程

（二）操作要点与技巧

1. 检测消磁板

（1）每天上班做收银准备工作时必须接通消磁板电源，每位收银员应领取一个防盗签，用来检测消磁板是否处于正常工作状态，此防盗签由收银员自己保管。

（2）接通电源后，为了检测消磁板是否处于正常工作状态，收银员应将一只手按在消磁板的盖板上，另一只手使防盗签在盖板上晃动，若发出嗡嗡声，同时放在消磁板盖板上的手有轻微颤动感，则说明消磁板处于正常工作状态。

（3）如用防盗签检测消磁板时，既无声响也无颤动感，说明消磁板的电源未接通或有故障，此时应揭开收银台面板，将消磁板与电源线的接触部分按紧，同时检查电源插头与电源插座是否连接好，这些工作做完后如消磁板右下角的指示灯已亮，说明消磁板电源已接通，可正常工作。

（4）若电源线连接没问题但消磁板指示灯不亮，则需要请电工对电源线进行检测。如电源线有问题，则更换电源线。如电源线没问题，则要求设备供应商对设备进行检测。

2. 商品消磁的具体操作

（1）熟记需要消磁的商品类别。

（2）对需要消磁的商品，先扫描后消磁。

（3）扫描完一件商品，当即对此商品进行消磁。

（4）某些高档化妆品、罐装商品的电子标签在包装品里面，消磁时注意正反面消磁。

（5）在卖场内小专柜已结账的商品（如化妆品），收银员应查看收银小票，并对商品消磁。

（6）收银员应特别注意对体积小、价格较高的商品的消磁，如巧克力、中高档内衣裤、化妆品及洗涤用品等。在对商品进行消磁时应尽量降低商品的高度，并将商品的正反面分别进行消磁。

（7）对有硬标签的商品进行消磁，如服装、袜子等，取钉时千万不要损坏商品，注意轻拿轻放。

（8）注意不要将防盗签的钢钉丢弃在地板上，否则容易导致人身伤害事故。

（9）收银员应避免将商品和包装袋压在消磁板电源线上，这样做容易造成因消磁板与电源接触不良而导致消磁板断电。

（10）收银稽核员反映某收银台有消磁不净的问题时，此收银台的收银员应重新检测消磁板是否处于正常工作状态。

六、消磁例外处理

正确地消磁是非常重要的，否则容易引起顾客的不满，增加收银稽核员的工作量和工作难度。妥善处理好消磁例外是收银管理人员的职责之一。

商品经过出口处防盗门时引起报警，则为消磁例外。常见的例外有漏消磁和消磁无效两种情况。对于这两种消磁例外情况，常见的处理方法如下：

（1）漏消磁。漏消磁是指商品在结账过程中，未经过消磁程序而造成的消磁例外情况。对于漏消磁的商品必须拿回收银台进行重新消磁，收银员必须履行商品的消磁程序，特别是要熟记硬标签的商品类别。

（2）消磁无效。消磁无效是指商品在结账过程中，已经履行消磁程序，但消磁方法不正确，超出消磁空间的情况。对于消磁无效的商品，收银员应结合消磁指南，掌握正确的消磁方法，重新消磁。特别是对软标签的类别商品予以熟记，反复多次消磁，直到有消磁回音为止。

【任务书】

商品消磁赛：

教师将学生分组，每组 4~6 人，给每位同学分配 8~10 件商品，每组任命一位组长，由组长带领本组同学依次对商品进行消磁。

每组由一位同学进行计时。耗时最短的小组获胜。

需准备的素材：收银台案（已配备消磁板）、取钉器、EAS 系统、商品若干件(搭配附有软标商品、硬标商品和无标商品)。

【效果评价】

商品消磁实训效果评价如表 4-5 所示。

表 4-5　商品消磁实训效果评价表

考核项目	考核标准	得分
职业素养 （20分）	（1）按时出勤，课堂表现好（10分） （2）仪容仪表标准（10分）	
实训能力 （65分）	（1）小组消磁速度（15分） （2）小组消磁成功率（10分） （3）能够检查消磁板的工作状态（10分） （4）能够迅速地处理消磁过程中遇到的问题（10分） （5）能够区分有电子标签和无电子标签的商品（10分） （6）具备良好的团队合作精神（5分） （7）具备一定的组织协调能力（5分）	
知识技能 （15分）	（1）能够复述商品消磁的基本流程（5分） （2）能够复述商品消磁的要点和技巧（10分）	
合　计		

任务五　现金收取操作

【案例引入】

欢欢是某超市的收银员，在收银过程中，她最怕的就是碰到假钞，每天上班总是提心吊胆，对 100 元的大钞总是不敢大意，反复地检验。这样既影响了自己的工作效率，也耽误了顾客的时间。此外，由于紧张，她总是忘记收银流程，而导致手忙脚乱，不是忘记给顾客打单，就是忘了找零，毫无章法。

【知识储备】

一、现金收银业务的含义

现金收银业务是指顾客在结账时用现金支付所购商品的款项，收银员以收取现金的形式结账的业务。目前，现金收银在超市和商场结算中较为常见，涉及金额不大的消费者常常以现金付款。

二、现金收银业务的基本操作流程

（一）现金收银业务的基本流程（见图4-13）。

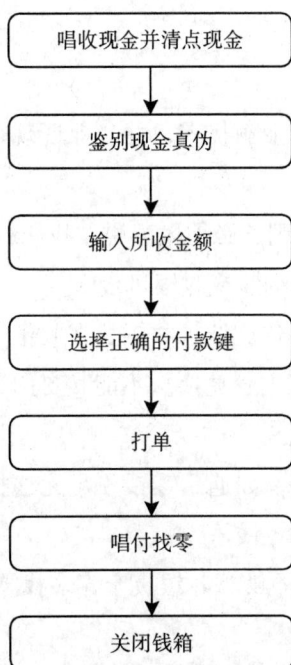

```
┌─────────────────────┐
│   唱收现金并清点现金    │
└─────────────────────┘
          ↓
┌─────────────────────┐
│     鉴别现金真伪       │
└─────────────────────┘
          ↓
┌─────────────────────┐
│     输入所收金额       │
└─────────────────────┘
          ↓
┌─────────────────────┐
│    选择正确的付款键     │
└─────────────────────┘
          ↓
┌─────────────────────┐
│        打单          │
└─────────────────────┘
          ↓
┌─────────────────────┐
│       唱付找零        │
└─────────────────────┘
          ↓
┌─────────────────────┐
│       关闭钱箱        │
└─────────────────────┘
```

图4-13 现金收银业务基本流程

（二）操作要点与技巧

1. 收款

收银员在收、付款时，应唱收唱付。例如，收银员在收到顾客给的100元时，应该大声说："收您100元。"

2. 验钞

收银员在收银时要仔细检查所收现金的真假，尤其是 100 元、50 元的大钞，要严格按照验钞方法进行识别。验钞方法有眼看、手摸、耳听、机器检测等。

目前，常见的假币主要是票面编码以 HD 90、HB 90、TJ 38 开头的百元大钞。

收取现金时，要做好如下处理措施：

（1）如果确认是假钞，应劝其向中国人民银行或办理人民币存取款业务的金融机构上交。

（2）收银员不能做最后判断时，应请求收银主管帮助。

（3）对于残损钞，应礼貌地请求顾客更换，并告诉顾客到银行进行兑换。

（4）如果属于不影响币值的残损钞，可考虑接受。

（5）遇到疑惑货币时，可到银行要求鉴别。

3. 打单

收银员在收款、验钞后，输入所收金额，然后把顾客所购商品的销售小票打印出来，这个过程称为打单。

4. 找零

（1）找零时按收银机的计算余额找零，并且保证现金清点正确。应按最大面值的现金进行组合，以节约零钞。

（2）找零时，应坚持唱付原则，必须大声说"找您××元"，还应亲自把零钱和销售小票递到顾客的手中，不能放在购物袋或收银机台上。

工作中难免收到大额现金，这就要求收银员在收银过程中必须随时保证有足够的零钱。如果零钱不足，必须向收银主管兑换，不能私自向其他收款机兑换、暂借或用私人的钱垫付。

（3）收银员一定要如数找零，如遇到零钱不足无法找零时，请求顾客稍微等待，兑零后再找，不能用小糖果等代替零钱。

（4）在找零过程中，如零钱不够，收银员宁肯多找零钱，也不能少找零钱。

三、发现伪钞的处理

若在现金收银业务中发现伪钞，要做好妥善处理，处理措施如下：

（1）如确认是伪钞，请求顾客更换。

（2）如顾客因此产生异议，可由双方一同到银行鉴别。

（3）收银员不能做最后判断时，请求收银管理层帮助。

（4）对于残损钞，应礼貌地请求顾客更换，并告诉顾客到银行进行兑换。

（5）如属于不影响币值的残损钞，可考虑接受。

【任务书】

利用以下的商品资料，学生分组，分别扮演收银员和三位顾客，比赛现金收款业务操作。

（1）顾客甲购买商品情况如下：

商品条形码	商品名称	数量	活动单价或活动折扣
1585464984444	桂林三花白酒	1	活动折扣 9.5 折
1575448777776	屈臣氏面膜粉	3	无
1575498732054	好客利薯片	1	无
1587958215488	大白兔奶糖	7	活动单价 3.70 元
1575546063355	花桥洗衣粉	2	活动单价 3.90 元

顾客甲现金付款 100 元。

（2）顾客乙购买商品情况如下：

商品条形码	商品名称	数量	活动单价或活动折扣
1585432133269	黑猫牌蚊香	1	活动单价 12.60 元
1583414446799	蓝月亮洗手液	1	活动折扣 9 折
1585438777349	怡宝纯净水	2	活动单价 0.90 元
1564568987354	统一方便面	4	无
1594683933974	清爽洗发水	2	活动折扣 9 折

顾客乙临时决定不购买清爽洗发水，现金付款 100 元。

（3）顾客丙购买商品情况如下：

商品条形码	商品名称	数量	活动单价或活动折扣
1587958215488	大白兔奶糖	5	无
1575546063355	花桥洗衣粉	1	活动折扣 9.5 折
1585438777349	怡宝纯净水	6	无
1585464984444	桂林三花白酒	4	活动单价 14.50 元
1575448777776	屈臣氏面膜粉	10	无

顾客丙临时决定减少 3 包大白兔奶糖，现金付款 300 元。

比赛时，最先完成现金收款业务的收银员获胜。

需准备的素材：收银台、收银机、计时器、商品（表格中的所有商品）、人民币（搭配真币和假币）。

【效果评价】

现金收银业务实训效果评价如表4-6所示。

表4-6 现金收银业务实训效果评价表

考核项目	考核标准	得分
职业素养 （20分）	（1）按时出勤，课堂表现好（10分） （2）仪容仪表标准（10分）	
实训能力 （65分）	（1）现金收银速度（15分） （2）能够迅速甄别真假币（15分） （3）能够按照收银流程操作（15分） （4）能够记得随时关闭钱箱（10分） （5）具备良好的团队合作精神（5分） （6）具备一定的组织协调能力（5分）	
知识技能 （15分）	（1）能够复述商品消磁的基本流程（5分） （2）能够复述商品消磁的要点和技巧（10分）	
合　计		

任务六　找零

【案例引入】

顾客在采取现金结账时，常会给出大面额的币值，如100元、50元。此时需要收银员进行找零操作。小婉是益田超市的收银员，某天在进行找零操作时，发现钱箱中的零钱没有分类放好，一时间没有合适的零钱找给顾客。这时她赶紧向旁边的收银员小芳求助，换取了零钱以后，才找给顾客。同学们，你知道这两位收银员犯了什么错误吗？

【知识储备】

一、含义

收银员在找零的操作中会碰到两种业务：找零和兑零。

找零是指收银员在进行现金收取业务时为顾客找付零钱的操作过程。找零是现金收取业务中一个非常重要的环节。

兑零是指在营业期间收银员在找零不足时进行零钱兑换的操作过程。兑零是为了保证收银员在营业时间内有充足的零钱为顾客提供找零服务。

二、操作原则

(一) 找零的原则

在找零过程中，应坚持以下原则：

(1) 唱收唱付原则。收银员在收款和找零时必须喊出来，告知顾客收款数额与找零数额，以免出现差错。

(2) 如数找零原则。收银员一定要如数找零，如遇到零钱不足无法找零时，请求顾客稍微等待，兑零后再找，不能用小糖果等代替零钱。

(3) 不亏待顾客原则。如找零时零钱不够，收银员宁肯多找零钱，也不能少找零钱。

(4) 手递原则。零钱必须亲自递到顾客手中，不得放在购物袋中或收银台上。

(二) 兑零的原则

在兑零过程中，应遵循以下原则：

(1) 充足原则。必须有足够的零钱以随时满足收银员的兑零要求。

(2) 时间原则。兑零可随时进行，没有时间限制，在接到收银员兑零请求时应立即进行。

(3) 地点原则。兑零必须在需要兑零的收银台前进行，收银员不得远离岗位。

(4) 核实原则。收银管理层与收银员现场确认现金数量、币种是否正确以及钱币的真伪，不得赊账或过后算账。

(5) 授权原则。兑零只能由超市授权的收银管理层进行，收银员之间禁止进行兑零或帮助兑零。

三、找零的基本操作流程

(一) 找零的基本流程

找零的基本流程如图 4-14 所示。

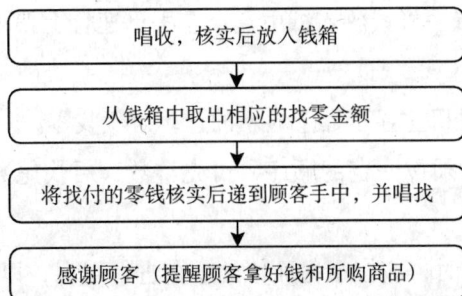

唱收，核实后放入钱箱

↓

从钱箱中取出相应的找零金额

↓

将找付的零钱核实后递到顾客手中，并唱找

↓

感谢顾客（提醒顾客拿好钱和所购商品）

图 4-14 找零的基本流程

（二）操作要点与技巧

（1）收银员必须熟悉 POS 机电子钱箱的布局。如图 4-15 所示。

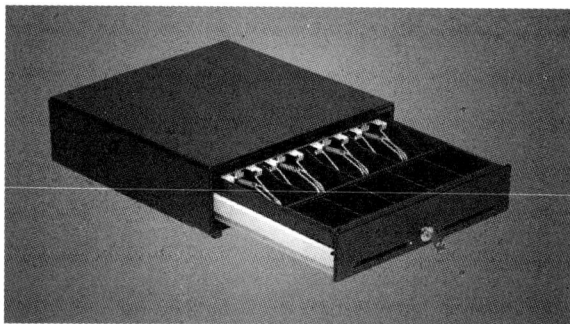

图 4-15　POS 机电子钱箱

（2）收银前，收银员应将不同面值的纸币和硬币按照一定的规律和顺序整齐地摆放在钱箱中，并熟知每种面值纸币和硬币在钱箱中的位置。各种面值的纸币和硬币不得混放、乱放。如图 4-16 所示。

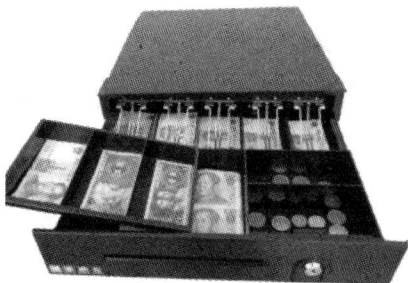

图 4-16　零钞整齐摆放在钱箱

（3）当 100 元较多时，可按一定的数量捆扎好，放入收银台抽屉中（或其他指定位置）。

（4）收银员接过顾客所付现金，经核实后打开钱箱，迅速放入钱箱指定位置。具体操作：左手打开票夹，右手将钱放入纸币盒，左手迅速合上票夹，如此操作可有效提高速度。

（5）收银员须按 POS 机主显示器上显示的计算余额找零。

（6）收银员在找零时须按一定的顺序，可先整数，后找尾数；也可先找尾数，后找整数。

（7）收银员在取零钱时，应按最大面值的现金进行组合，以节约零钞。

（8）从钱箱中取出应找的零钱后应迅速关闭钱箱。

（9）将零钱递给顾客前，收银员须自行复核一次，确保准确无误。

（10）收银员复核完毕后，将所找零钱递给顾客后，须当面再次清点一次，同时应唱找。

四、找零差错的处理

收银员在工作中由于注意力不集中或没有唱收唱付等原因，通常会出现收款、找零错误。当发生错误时，收银员首先应自我检讨，即使是顾客的错，也要照顾顾客的情绪，切忌同顾客发生争吵。

发生收款、找零差错时，收银员应采取以下正确方法进行处理：

（1）询问。收银员礼貌地向顾客问明交款和找款的数额、票面颜色、版面大小、新旧程度及交款时的细节。

（2）回忆。收银员仔细回忆交易过程，查找差错发生的可能和原因，同时要与顾客讲述的情况进行对照，弄清事实真相。

（3）检查。根据询问和回忆的结果，检查销售小票等单据，或者请收银主管一起清点收款机内的现钞。如果是自己错了，应立即补齐钱款，并真诚地向顾客道歉；如果是顾客错了，千万不要责怪顾客，而应主动地说声"没关系"，以消解矛盾。

（4）调查。通过回忆、检查仍未解决问题时，收银员可向周围的目击者做调查，请他们帮助回忆、证实。

（5）盘点。在情况允许的情况下，进行商品盘点。如果当时无法盘点，可以让顾客委托一名当班营业员做监点人，留待晚上盘点，次日再将盘点结果告诉顾客。

（6）请示。如果收银员不能自己决定如何解决，可请顾客到收银组（科）同收银主管一起研究解决的办法。

（7）处理。如果确属收银员的责任，应向顾客道歉，如对顾客真诚地说："对不起，这是我工作中的失误，怪我太粗心了。"如果属于顾客责任，不应多加指责，弄清了问题即可。如果已经分不清责任，应虚心听取各方意见，尽快查清。

【任务书】

单独训练找零业务：

将学生分组，逐个进行找零业务流程的操作。"打开钱箱—将顾客所付现金放入钱箱—找零—关闭钱箱"为一笔找零业务。每组安排一位学生计时，耗时最少的组获胜。

【效果评价】

找零业务实训效果评价如表4-7所示。

表4-7　找零业务实训效果评价表

考核项目	考核标准	得分
职业素养 （20分）	（1）按时出勤，课堂表现好（10分） （2）仪容仪表标准（10分）	
实训能力 （70分）	（1）熟悉各种纸币和硬币在钱箱中的位置（10分） （2）迅速、准确地将顾客所付现金放入钱箱相应位置（10分） （3）找取零钱的顺序正确（10分） （4）找取零钱速度（10分） （5）找取零钱的组合合理、金额正确（10分） （6）能够迅速处理找零过程中遇到的问题（10分） （7）具备良好的团队合作精神（5分） （8）具备一定的组织协调能力（5分）	
知识技能 （10分）	（1）能够复述找零的基本流程（5分） （2）能够复述找零要点和技巧（5分）	
合　计		

任务七　银行卡收取操作

【案例引入】

小明去中国香港旅游，在超市埋单时发现自己的港币已经用完了，于是他掏出银行卡说："请问银联卡能否付款？"收银员对他笑笑说："可以的，请给我吧。"收银员先是将银行卡在机器上刷了一下，再让小明输入密码，随后将打印出来的单据给小明签字，很快就埋完单。小明心想，原来银行卡在香港也这么方便啊，以后不用去兑港币了。

【知识储备】

一、银行卡的含义

银行卡是指由商业银行（含邮政金融机构）向社会发行的具有消费信用、转账结算和存取现金等全部或部分功能的信用支付工具。

在外形上，银行卡大小如同身份证，一般用特殊的塑料制成，正面上印有特别设计的图案、发卡机构的名称及标志，并有用凸字或平面方式印制的卡号、持有者的姓名、有效期限等信息；卡片背面则有用于记录有关信息的磁条、供持卡人签字的签名条及发卡机构的说明等。

二、银行卡的分类

（一）银行卡的类别

银行卡按是否能提供信用透支功能分为信用卡和借记卡，其中信用卡包括准贷记卡和贷记卡，如图 4-17 至图 4-19 所示。

图 4-17　银行卡借记卡（不可透支）

图 4-18　信用卡贷记卡（可透支）

图 4-19　准贷记卡（可透支）

（二）区分信用卡与借记卡

如图 4-20 和图 4-21 所示，卡片正面有天坛（中国银联标志）、鸽子（VISA 标志）或地球（MASTER 标志）的全息激光防伪标志，有有效期、凸印卡号和持卡人姓名（用拼音或英文字母表示）且未标注此卡为借记卡的为信用卡，否则即为借记卡。

图 4-20 银联信用卡

图 4-21 银联借记卡

三、银行卡的功能和特点

1. 银行卡的功能

（1）银行卡能减少现金货币的使用。

（2）银行卡能提供结算服务，方便购物消费，增强安全感。

（3）银行卡能简化收款手续，节约社会劳动力。

（4）银行卡能促进商品销售，刺激社会需求。

2. 银行卡的特点

（1）银行卡是当今发展最快的一项金融业务，是一种可以在一定范围内替代传统现金流通的电子货币。

（2）银行卡同时具有支付和信贷两种功能。持卡人可用其购买商品，还可通过使用信用卡从发卡机构获得一定的贷款。

（3）银行卡是集金融业务与计算机技术于一体的高科技产物。

四、银联卡

银联卡就是有银联标志的银行卡。银联卡的显著标志是上面有"银联"标志。"银联"标志以红、蓝、绿三种不同颜色银行卡的平行排列为背景，衬托出白色的"Union-Pay"英文和"银联"中文造型二字。2003 年 3 月，中国人民银行发布了《关于统一启用"银联"标志及其全息防伪标志的通知》。该通知规定，各商业银行发行的限国内通用的银行卡，必须在卡正面右下方指定位置标注统一的"银联"标志；可在国内外通用的"双账户"银行卡，必须在卡正面右上方指定位置标注统一的"银联"标志。

与一般银行卡相比，银联卡具有更强大的功能。它可以在全国5万多台ATM上使用，在30多万台POS机上消费，这为持卡人在商务活动、外出旅游、购物消费时提供了极大的方便。在发展较快的城市，持卡人还可以享受到跨行转账、利用手机进行移动支付、交纳各种费用、网上支付等服务。目前银联卡已经走出国门，可以在20多个国家的POS机和40多个国家的ATM上使用。

五、银联卡收款业务的基本操作流程

（一）银联借记卡的操作流程

银联借记卡的操作流程如图4-22所示。

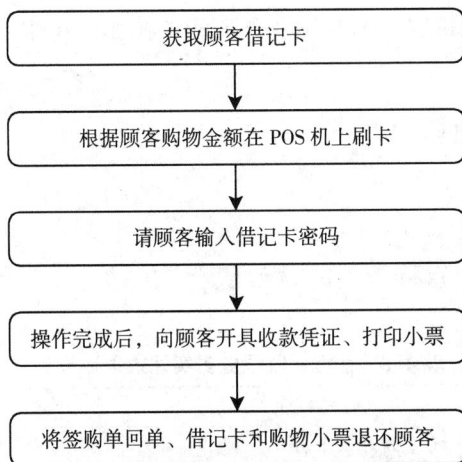

图4-22　银联借记卡的操作流程

（二）操作要点与技巧

（1）检验借记卡或信用卡。

1）验明持卡人所持信用卡的颜色、图案和标识与相应发卡银行卡是否相符。

2）卡片完好性检查：卡片正反面完整无缺且无涂改或刮伤，也没有剪角、打孔、损毁现象，卡面的凸印号码没有被涂改的痕迹等；如出现以上异常情况，应立即拒绝受理。

3）持卡人身份的识别：持卡人性别是否与卡面凸印的 MS 或 MR 相符；对于照片卡，应与持卡人相貌核对，如出现不符，应立即拒绝受理。

4）卡背签名栏的检查：检查卡背面的签名栏是否有涂改痕迹及是否有签名，若签名

栏为空白，商户必须检查持卡人有效证件，证件的持有人必须与卡片上标明的持有人相同，同时要求持卡人在签名栏内签字，否则也不予受理。

（2）收银员在输入顾客的消费金额时要仔细核对，确认无误后方可让顾客输入银行卡密码。

（3）顾客输入银行卡密码后，收银员应在打印出来的收款凭证上用笔圈出消费金额，并交由顾客签字确认。

（4）收银员应将顾客签好字的收款凭证用夹子统一夹好，并妥善保管，再将须交给顾客的收款凭证和购物小票递给顾客。

（5）顾客结账后，应热情地欢送顾客，并说："欢迎下次光临。"

【任务书】

训练银行卡收银业务：

将学生分组，逐个进行银行卡收银业务流程的操作。每组安排一位学生计时，耗时最少的组获胜。

需准备的素材：POS 机、银行卡、笔等。

【效果评价】

银行卡收银业务实训效果评价如表 4-8 所示。

表 4-8　银行卡收银业务实训效果评价表

考核项目	考核标准	得分
职业素养 （20 分）	（1）按时出勤，课堂表现好（10 分） （2）仪容仪表标准（10 分）	
实训能力 （60 分）	（1）熟悉银行卡收银的操作流程（10 分） （2）能够正确在 POS 机上刷卡（10 分） （3）能够在收款凭单上迅速找到金额的位置，并且画圈（10 分） （4）记得将银行卡、收款凭单和购物小票一并归还顾客（10 分） （5）具备良好的团队合作精神（10 分） （6）具备一定的组织协调能力（10 分）	
知识技能 （20 分）	（1）能够复述银行卡收银业务的基本流程（10 分） （2）能够复述银行卡收银业务要点和技巧（10 分）	
合　计		

任务八 装袋

【案例引入】

某天华森超市的顾客找到超市服务台投诉，说收银员小燕在给她装袋时把她的蛋糕压扁了，要求退货。小燕这时也特别尴尬，因为她是第一天上班，可能在操作上并不是特别熟练，没有注意到特殊产品的特点。到底小燕做错了什么？在装袋时应该注意些什么呢？

【知识储备】

一、商品装袋的含义

商品装袋是指收银员在给顾客结账后，根据商品的类别和数量把商品正确地装入购物袋，达到易提、稳重、承重合适的效果。

二、商品装袋的原则

1. 正确选择购物袋

购物袋有大小之分，收银员应根据商品的数量多少、体积大小、形状、重量等要素来正确选择购物袋，应做到既能满足顾客的需要，又能尽量减少超市不必要的浪费。

2. 商品分类装袋

将商品分类装袋打包是非常重要的。科学的商品分类装袋打包，不仅可以提高超市收银员的服务水平，增加顾客的满意度，也能够充分体现顾客至上的服务理念。

商品分类装袋时应注意：

（1）生鲜类食品和速冻食品不与干货食品、百货食品混合装袋。

（2）生鲜类食品中的熟食、面包即食类食品不与其他生鲜食品混合装袋，应注意生熟分开。

（3）生鲜类食品中，海鲜类食品不能与其他生鲜食品混合装袋，避免串味。

（4）水果不能和未处理的生鲜蔬菜放在一起。

（5）化学用剂类商品（如洗发水、香皂、肥皂、洗衣粉、各类清洁剂和杀虫剂等）

不与食品、茶叶等混合装袋。

（6）服装、内衣等贴身纺织品，一般不与食品类商品混装，避免污染。

（7）其他特殊的商品（如机油、油漆等）一般不混装。

3. 易提、稳定、承重合适

装袋打包过的商品应做到易提、稳定、承重合适，同时还要避免重复装袋，以节约成本。

三、商品装袋的基本操作流程

（一）商品装袋的基本步骤（见图4-23所示）。

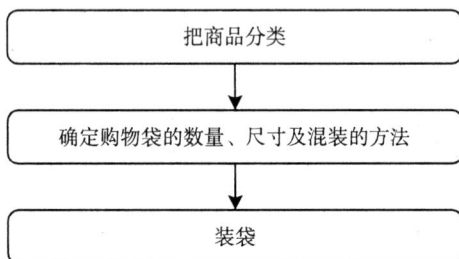

图4-23　商品装袋基本步骤

（二）操作要点与技巧

（1）考虑商品的易碎程度，易碎的商品（如方便面、膨化食品等）能分开装最好；如果不能分开装，则应放在购物袋的最上方，以防被压碎。

（2）考虑商品的强度，将饮料类、罐装类、酒类商品放在购物袋的底部或侧部，以起到支撑的作用。

（3）考虑商品的总重量不能超出购物袋所能承受的极限，商品的总体积不能超出购物袋，如果让顾客感觉不方便提取或有可能超重，最好分开装或多套一个购物袋。

（4）易流出汁水的商品应单独装袋。

（5）易碎商品、冷冻食品，要提醒顾客轻拿慢放。

（6）必要时，将超市的促销广告或赠品放入袋中。

（7）装完袋以后，应用礼貌用语对顾客说："欢迎您再来！"

收银员在结账和装袋过程中的细心周到会给顾客增添购物的愉悦感，增强再次前来购物的兴趣。

四、商品装袋例外处理

商品在装袋时出现不能装袋或装袋后袋子破裂的情况，称为商品装袋例外。常见的商品装袋例外处理方法如下：

（1）商品过重造成的例外，可以将商品用多个购物袋分装。

（2）由于商品大小问题不能装袋的情况，可以向顾客解释原因，并示意顾客到服务台打包捆扎。

（3）袋子破裂可以去掉破裂的袋子，重新包装。

（4）当顾客请求多要购物袋时，收银员可以向顾客解释购物袋能够承受的重量，节约成本。

【任务书】

将学生分组，每组在最短的时间内完成商品的装袋操作。装袋后达到易提、稳定、承重合适的效果。

需要准备的素材：购物袋、商品（尽量搭配各种不同包装形态的商品）、计时器。

【效果评价】

商品装袋业务实训效果评价如表4-9所示。

表4-9　商品装袋业务实训效果评价表

考核项目	考核标准	得分
职业素养 （20分）	（1）按时出勤，课堂表现好（10分） （2）仪容仪表标准（10分）	
实训能力 （60分）	（1）能将商品正确分类（5分） （2）能正确选择购物袋的大小（5分） （3）能快速判断装袋顺序和装袋方式（10分） （4）装袋综合效率高，既有速度又有效果（10分） （5）能够迅速处理装袋过程中遇到的问题（10分） （6）具备良好的团队合作精神（10分） （7）具备一定的组织协调能力（10分）	
知识技能 （20分）	（1）能够复述装袋的基本流程（10分） （2）能够复述装袋业务的要点和技巧（10分）	
合　计		

附录1

北京市商业零售企业员工行为礼仪规范（试行）

第一章　总则

第一条　为全面提升本市商业零售企业员工的整体素质和服务水平，塑造文明礼貌的职业形象，培养爱岗敬业的职业道德，提高规范服务的职业技能，根据国家和本市的有关规定及标准，制定本规范。

第二条　本规范适用于本市行政区域内直接面向终端消费者提供商品及相应服务的商业零售企业员工（以下简称：员工）。

本规范所称员工行为礼仪规范，是指商业零售企业员工在岗服务全过程中应遵守的基本行为要求，其内容包括仪容仪表、服务礼仪、服务行为、服务用语等方面。

第三条　员工的基本行为礼仪应遵循平等、尊重、宽容的原则。

第四条　商业零售企业应加强对员工行为礼仪规范的培训，引导员工自觉遵守本规范。

第二章　仪容仪表

第五条　员工仪容仪表规范的基本要求是：精神饱满，服饰整洁，仪表得体，端庄自然。

第六条　企业应结合自身实际，根据不同岗位（部门）的特点统一着装。员工应穿着整洁，佩戴统一胸卡（证）标志上岗。胸卡（证）应注明员工的姓名、单位名称、所在部门及工号等，便于识别。鼓励有条件的企业为具备外语、手语接待服务技能的员工，统一佩戴相应明示的胸卡（证）。

第七条　员工应保持面部洁净，进行适当的外貌修饰。女员工应遵循庄重、简洁、适度的淡妆原则。

第八条　员工发型、发式要与外表、岗位，以及工作环境等相适应。企业应根据实际情况制定员工仪容仪表的具体要求。

第九条　员工佩戴饰物应按照企业、岗位等方面的规范要求，符合身份、适度为佳。从事食品销售、食品加工等岗位工作的员工，要佩戴专用合格的工作帽、口罩、手套，不得佩戴任何饰物，并符合《散装食品卫生管理规范》的规定。

第三章　服务礼仪

第十条　员工服务礼仪规范的基本要求是：尊重顾客，真诚守信，热情服务，文明经商。

第十一条　无论顾客是否购买商品，员工均应热情、周到服务。服务时仪态要自然、端庄。站立、坐姿、蹲姿、行走等要举止得体。接待顾客时，应微笑相迎，热忱相待，礼貌相送。

第十二条　为顾客导购时，员工应走在顾客的左或右前方，行走速度应适合顾客的步速，配合相应的手势，将顾客引至应到达的位置，提供相应的服务。

第十三条　员工在解答顾客询问时，应面对顾客，有问必答，和蔼亲切。不得心不在焉、含糊其辞或边回答边做与顾客询问无关的事情。

第十四条　顾客浏览或挑选商品时，员工要目视顾客予以关注，与顾客保持适当距离，不干扰顾客浏览或挑选商品。眼神应自然、温和，严禁用轻蔑或审视的目光扫视顾客。

第十五条　顾客乘电梯时，有乘梯服务的员工应提醒顾客有序乘坐，不要拥挤，避免发生意外事故。

第十六条　员工应尽量为军人和外宾，以及老、弱、病、残、孕等特殊顾客提供服务便利。

第四章　服务行为

第十七条　员工服务行为规范的基本要求是：积极主动，态度和蔼，周到细致，举止文明。

第十八条　员工要了解卖场的购物环境和商品布局，掌握服务方法和技能，了解顾客的需求，有针对性地为顾客服务。

第十九条　员工要熟知所经营商品，在介绍商品时，要掌握时机，采用适当方式，实事求是地介绍商品的品种、产地、价格、性能、特点、质量保证、售后服务等要素，应做到不诱购、不劝购、不生拉硬拽、不强买强卖。

第二十条　员工在展示商品时，要采取适当方式展现商品的性能、特点、外观等。递拿商品时，要安全接放，不扔不摔，贵重、易碎商品要主动提示顾客。

第二十一条　根据顾客的需要，员工在协助顾客挑选、试穿和试测商品时，要为顾客当好参谋，不得有厌烦情绪。遇顾客较多时，要注意先后次序，忙而不乱，礼貌待客。

第二十二条　员工在收款时要迅速、准确，要当面点清，唱收唱付。递送商品、收找零款时不得摔、扔。

第二十三条　顾客购物付款后，应将商品进行包扎、包装，便于顾客携带，同时提醒顾客带好购买的商品和个人物品，以免丢失、遗忘。

第二十四条　顾客退货、换货、投诉时，员工应以礼相待，认真倾听，详细询问，妥善处理。做到不推诿、不冷淡、不刁难。

第二十五条　当补货、整理商品，以及盘点、结账或交接班等情况时，遇有顾客购物（询问）时，员工应暂停手里工作，先接待顾客。当营业时间结束后，要接待好正在购物或结款的顾客，不得催促。

第二十六条　员工要注重提高处理突发事件的应变能力，掌握安全保卫常识和处置方法。发生突发事件时，要遵循"顾客安全第一"的理念，保持冷静，有序地组织顾客安全脱离危险区域。

第五章　服务用语

第二十七条　员工服务用语规范的基本要求是：文明、礼貌、亲切、准确、精练。

第二十八条　员工应正确使用问候语、赞赏语、祝贺语、答谢语、征询语、应答语、道歉语、告别语等服务类用语。灵活运用"您好、欢迎光临、请问您需要什么、请稍候、请拿好您的物品、对不起、请走好、谢谢、再见"等常用服务用语。

第二十九条　服务用语要把握主动性、尊重性、准确性、适度性的原则。语言要亲切，语气要诚恳，语调要柔和，用语要恰当，要使用普通话。不得使用讥讽、嘲笑、挖苦、催促、埋怨等语言。

第三十条　鼓励员工掌握和运用外语、手语及地方方言与有特殊需求的顾客群体进行交流的基本技能，为其提供语言无障碍购物服务。

第六章　附则

第三十一条　商业零售企业要对员工进行经常性的行为礼仪教育，充分利用企业内部刊物、广播、宣传栏、讲座和观摩等形式，宣传交流行为礼仪工作的经验和成果。

第三十二条　市和区、县商务主管部门应引导商业零售企业认真贯彻落实本规范。商业零售企业要把本规范作为服务管理的重要内容，建立服务质量管理机构和内部约束机制、惩戒机制。

第三十三条　充分发挥社会公众、新闻媒体和行业协会的监督作用。支持鼓励有关行业协会推广实施本规范，并组织开展员工行为礼仪观摩、交流等活动。

第三十四条　本规范是商业零售企业员工行为礼仪的基本规范，鼓励商业零售企业结合实际，制定高于本规范的具体要求。

第三十五条　本规范自 2007 年 2 月 1 日起实施。

附录 2

商品零售场所塑料购物袋有偿使用管理办法

第一条 为节约资源、保护生态环境，引导消费者减少使用塑料购物袋，制订本办法。

第二条 本办法所称商品零售场所是指向消费者提供零售服务的各类超市、商场、集贸市场。

本办法所称塑料购物袋是指由商品零售场所提供的，用于装盛消费者所购商品，具有提携功能的塑料袋。但不包括商品零售场所基于卫生及食品安全目的，用于装盛散装生鲜食品、熟食、面食等商品的塑料预包装袋。

塑料购物袋的材质及技术要求由国家相关标准予以规范。

第三条 商品零售场所应当依据本办法向消费者有偿提供塑料购物袋。

第四条 商务主管部门、价格主管部门、工商行政管理部门依照有关法律法规，在各自职责范围内对商品零售场所塑料购物袋有偿使用过程中的经营行为进行监督管理。

第五条 商品零售场所对塑料购物袋应当依法明码标价。

第六条 商品零售场所可自主制定塑料购物袋价格，但不得有下列行为：

（一）低于经营成本销售塑料购物袋；

（二）不标明价格或不按规定的内容方式标明价格销售塑料购物袋；

（三）采取打折或其他方式不按标示的价格向消费者销售塑料购物袋；

（四）向消费者无偿或变相无偿提供塑料购物袋。

第七条 商品零售场所应当在销售凭证上单独列示消费者购买塑料购物袋的数量、单价和款项。

以出租摊位形式经营的集贸市场对消费者开具销售凭证确有困难的除外。

第八条 商品零售场所应向依法设立的塑料购物袋生产厂家、批发商或进口商采购塑料购物袋，并索取相关证照，建立塑料购物袋购销台账，以备查验。

第九条 商品零售场所不得销售不符合国家相关标准的塑料购物袋。

第十条 商品零售场所应采取措施，为消费者自带购物袋、购物篮购物提供便利。

第十一条 鼓励商品零售场所提供符合相关质量标准和环保要求的塑料购物袋替代品。

第十二条 以出租摊位形式经营的集贸市场，可以由开办单位或经其批准在市场内设立的专营（或兼营）塑料购物袋经营摊位实行塑料购物袋统一采购、销售。

第十三条 商品零售场所的经营者（以下简称经营者）对违反本办法有关规定的行为承担相应责任。

下列商品零售场所，由开办单位或出租单位对违反本办法有关规定的行为承担相应责任：

（一）以出租摊位形式经营的集贸市场；

（二）场内外租超市、柜台；

（三）大型超市、商场引厂进店的经营摊位。

第十四条 商品零售场所的经营者、开办单位或出租单位违反本办法第六条有关价格行为和明码标价规定的，由价格主管部门责令改正，并可视情节处以5000元以下罚款。

第十五条 商品零售场所的经营者、开办单位或出租单位违反本办法第六条有关竞争行为和第七条规定的，由工商行政管理部门责令改正，并可视情节处以10000元以下罚款。

第十六条 商品零售场所经营者、开办单位或出租单位违反本办法第八条规定的，由工商行政管理部门责令改正，并可视情节处以20000元以下罚款。

第十七条 商品零售场所经营者、开办单位或出租单位违反本办法第九条规定的，由工商行政管理部门依据《中华人民共和国产品质量法》等法律法规予以处罚。

第十八条 商品零售场所经营者、开办单位或出租单位因违反本办法相关规定受到处罚的，商务主管部门、价格主管部门和工商行政管理部门可将处罚情况向社会公告。

第十九条 鼓励新闻媒体对违反本办法规定的行为进行舆论监督。

任何单位或个人可向当地商务主管部门、价格主管部门和工商行政管理部门举报违反本办法规定的行为。

第二十条 各省、自治区、直辖市人民政府商务主管部门可会同同级价格主管、工商行政管理部门依据本办法制订实施细则，经同级人民政府批准后实施，并报商务部、国家发展和改革委员会、国家工商行政管理总局备案。

第二十一条　本办法由商务部、国家发展和改革委员会、国家工商行政管理总局负责解释。

第二十二条　本办法自 2008 年 6 月 1 日起实施。

附录3

收银员职业资格鉴定所（考场）设置标准

一、编制说明

为使职业技能鉴定所（考场）认定工作标准化、规范化、科学化，根据原劳动部颁发的《职业技能鉴定规定》（劳部发〔1993〕134号）、《职业技能证书规定》（劳部发〔1994〕98号）、人力资源和社会保障部制定的《收银员国家职业技能标准（2009年修订）》等制定本标准。（以下配置情况按30人/批的鉴定能力设置）

二、适用范围

本标准适用于认定本职业（工种）初级（五级）、中级（四级）、高级（三级）级别的职业技能鉴定所（考场）。

三、人员配置

（一）所长

负责鉴定所（考场）的全面管理工作。具有本专业中等技术职务或技师以上职业资格，大专以上文化程度，从事本专业工作8年以上，熟悉职业技能鉴定有关政策和培训考核工作。

（二）副所长

协助所长管理鉴定所（考场）的日常工作。具有本专业中等技术职务或高级以上职业资格，大专以上文化程度，从事本专业工作5年以上，熟悉职业技能鉴定有关政策和培训考核工作。

（三）工作人员

（1）办公室人员。协助所长管理鉴定所（考场）的日常事务，承担职业技能鉴定考场的具体工作。具有大专以上文化程度，熟悉职业技能鉴定考核工作。

（2）考评人员。自有考评员不得少于3人。持有人力资源和社会保障部门颁发的考评人员资格证卡。

（3）考务人员。能熟练进行计算机操作，负责鉴定人员的报名、资格初审、考场安排、设备材料准备、辅助考评员和监考员工作、考务档案管理和办证等工作。具有高中以上文化程度，熟悉本职业技能鉴定工作。

（4）设备维修、材料管理人员。负责技能鉴定所的设备、仪器仪表维修及材料管理工作。具有高中以上文化程度，熟悉设备原理及使用，并持有相关专业职业资格证书。

（5）财务管理人员。按财务管理规定配备。负责鉴定收费和日常账务管理工作。必须持有财务人员资格证书。

四、管理制度

（一）财务管理制度

（二）鉴定工作规程（报名、收费、鉴定、办证）

（三）岗位职责

（四）档案管理制度

（五）各种设备安全操作规程

（六）考评员、考务员工作守则、考场规则

（七）安全、保卫制度

（八）设备、设施管理制度

（九）其他

五、鉴定资料

（一）国家职业标准

（二）考核大纲

（三）鉴定规程

（四）相关管理文件和资料

六、申报单位基本情况（简况、经费来源、固定资产、规模)

七、场地

（1）办公用房不少于30平方米，桌椅、文件档案柜、保险柜、电脑、打印机、复印机、电话等办公设备齐全。

（2）理论鉴定场地：理论鉴定场地应选用标准教室，每间试室都应具备40个非阶梯考试座位。每个标准课室的面积不少于50平方米，教室内讲台、黑板等设施齐备，并有良好的照明和通风条件。智能化考试的理论试室内应配置至少30台考试用机和3台备用考试机。

（3）实操鉴定场地：有满足操作技能鉴定需要的场地，符合环境保护、劳保安全和消防等各项要求。其中初级、中级、高级工技能实训场地须同时满足30人/班考核需要，面积不少于 70 平方米/班。

八、设备、检测仪器的配置要求

评分规则：

（1）本次标准对初级、中级、高级的技能要求依次递进，部分设备高级别包括低级别的要求（具体见下列各级别表格中的说明）。

（2）每个鉴定级别的标准为 100 分，各级别的基本达标总分为 70 分，表格中每个设备的基本达标分（最低标准）为该设备配分的 60%。

（3）表内所列出的栏目中，注有"必选"和"任选"要求，如果"必选"的部分未达到最低标准，则该级别的配置要求未能达标。

国家职业资格五级（初级）

鉴定项目	鉴定内容	配置和评分								备注
		设备名称	规格、型号	单位	数量	要求	配分	自评分	得分	
收取银钱	1. 收银前准备	1. POS 收银机（主机、显示器、键盘、鼠标、电子钱箱、扫描仪、银联刷卡机、打印机）	自定	套	33	必选	30			（33 台 POS机、1 个服务器）
	2. 现金收银 3. 银行卡收银	2. 条形码机	自定	台	3	必选	10			
		3. 条形码	仿真	张	300	必选	5			
		4. 银行卡	仿真	张	50	必选	5			
		5. 打印小票纸	自定	捆	100	必选	2			
商品清点与清付	1. 商品包装检查	1. 商品 30 件	自定	个	100	必选	5			
	2. 商品扫描	2. 包装袋	自定	个	100	必选	2			
	3. 商品装袋与交付	3. 包装绳	自定	个	100	必选	2			
现金及票据后台管理	1. 备用金准备 2. 清点上缴营业款	1. 练功券	仿真	把	500	必选	5			
		2. 沾水盒	自定	个	60	必选	2			
		3. 扎钞纸	同银行	捆	50	必选	2			
		4. 传票	同国家题库	本	60	必选	5			
		5. 计算器	自定	个	33	必选	10			
		6. 大夹子	个	个	100	任选	2			
		7. 残缺人民币样板	同国家题库	张	若干	必选	5			
		8. 假币样板	同国家题库	张	若干	必选	6			
		9. 塑料盒	自定	个	60	任选	2			

国家职业资格四级（中级）

鉴定项目	鉴定内容	配置和评分								备注
		设备名称	规格、型号	单位	数量	要求	配分	自评分	得分	
收取银钱	1. 现金收银 2. 银行卡收银 3. 支票结算	1. POS 收银机（主机、显示器、键盘、鼠标、电子钱箱、扫描仪、银联刷卡机、打印机）	自定	套	33	必选	35			（33台POS机、1个服务器）
		2. 条形码机	标准	台	3	必选	15			
		3. 条形码	自定	张	300	必选	5			
		4. 银行卡	仿真	张	100	必选	5			
		5. 打印小票纸	仿真	张	50	任选	3			
		6. 支票	仿真	本	100	必选	3			
商品清点与清付	1. 商品扫描 2. 商品服务 3. 退货处理 4. 收银过程中服务纠纷处理	1. 不同商品	自定	个	100	必选	10			
		2. 包装袋	自定	个	100	必选	3			
		3. 包装绳	自定	个	100	必选	3			
现金及票据后台管理	1. 现金及相关票据保管 2. 清点上缴营业款	1. 销售日报表	仿真	本	60	必选	6			
		2. 现金日记账	仿真	本	40	必选	6			
		3. 三栏式活页账	仿真	本	60	任选	6			

国家职业资格三级（高级）

鉴定项目	鉴定内容	配置和评分								备注
		设备名称	规格、型号	单位	数量	要求	配分	自评分	得分	
收取银钱	1. 现金收银 2. 银行卡收银	1. POS 收银机（主机、显示器、键盘、鼠标、电子钱箱、扫描仪、银联刷卡机、打印机）	自定	套	33	必选	30			（33台POS机、1个服务器）
		2. 条形码机	自定	台	3	必选	10			
		3. 条形码	仿真	张	300	必选	5			
		4. 银行卡	仿真	张	50	必选	5			
		5. 打印小票纸	自定	捆	100	必选	3			
		6. 支票	仿真	本	60	必选	3			

鉴定项目	鉴定内容	配置和评分								备注
		设备名称	规格、型号	单位	数量	要求	配分	自评分	得分	
对顾客服务	1. 商品扫描 2. 商品服务	1. 商品 30 件	自定	个	100	必选	10			
		2. 包装袋	自定	个	100	必选	3			
		3. 包装绳	自定	个	100	必选	2			
收银管理	1. 现金及相关票据保管 2. 清点上缴营业款	1.销售日报表	仿真	本	60	必选	3			
培训与管理	1. 管理 2. 培训	1. 稿纸	自定	张	300	任选	3			
		2. 多媒体设备（电脑、投影、扩音、音响）	标准	套	1	必选	10			
		3. 激光打印机	自定	台	1	任选	10			
		4. 黑板	标准	块	1	必选	3			

附录 4

超市常用专业术语

（一）卖场常用设备、用具

（1）货架：商场上用来存放商品、展示商品的金属架。通常有几种类型，有承重式的高达几米的，有较矮的，与人的身高差不多。每一种货架都有其专用的配件。

（2）端架：货架两端的位置，也是顾客在卖场回游经过频率最高的地方。

（3）堆头：即"促销区"，通常用栈板、铁筐或周转箱堆积而成。

（4）收银台端架：收银台前面用来陈列货物的货架。

（5）专柜：指精品区、烟酒区用来陈列贵重商品的玻璃柜。

（6）冷藏柜：用来陈列需要冷藏食品的冷柜，温度在0℃~5℃。

（7）冷冻柜：用来陈列需要冷冻食品的冷柜，温度在-18℃以下。

（8）冷藏库：用来储存需要冷藏食品的冷库，温度在0℃~5℃。

（9）冷冻库：用来储存需要冷冻食品的冷库，温度在-18℃以下。

（10）购物车/篮：顾客购物时用的推车和篮子。

（11）促销车：专门用于在超市中做商品展示、试吃等活动的车子。

（12）冰台：超市中专门用于展示、陈列商品的金属台，台上覆盖冰碎以保持温度。

（13）铝梯：超市中用于到高处取放货物的铝质梯子，带自锁安装。

（14）叉车：超市中用来运输货物的车辆，有手动和电动两种。

（15）卡板：木制或胶制的用于放货运货的栈板。

（16）货架配件：货架上的配件，主要有层架、支架、挂钩、篮筐、挂篮、挡篮等。

（17）电子秤：对以重量进行销售的商品进行称重的设备。

（18）压纸机：对商场内的空纸箱进行压制处理的机器。一般设在收货部。

（19）收银机：又称POS机（Point of Sales）、销售信息管理系统，主要执行收银的任务。

(20) 防盗门：超市中设置的电子系统防盗门，具有防盗报警功能。

(21) 防盗标签：用来防止盗窃的磁性标签或磁扣。一般用于贵重商品、服饰、鞋等，多用防盗标签。

(22) 取订器：用来取防盗磁扣的设备。

(23) 收银小票：顾客购物结账后给顾客的已购买商品的电脑打印明细小单，可作为客人付款的凭证。

(24) 药箱：超市中配备的药箱，以应付员工的普通外伤的初级处理。

(25) 对讲机：超市范围内的主要通信工具。一般有两个频道。

(26) 垃圾桶：超市中专门用来装垃圾的桶。有销售区域用和生鲜区专用之分。

(二) 超市基本用语

(1) 主通道：商场布局中的主要通道，一般比较宽，是客人大量通过的地方。

(2) 电脑中心：商场里的电脑信息中心。

(3) 销售区域：商场中销售商品的区域，也是客人可以自由购物的区域。

(4) 精品区：不适合用开架方式进行销售的商品封闭区域，一般采取单独付款方式。

(5) 员工通道：超市内部员工上下班进出的通道。

(6) 安全通道：是超市建筑物在设计时留出来的防火通道，以应付紧急情况疏散。

(7) 紧急出口：当发生紧急情况如火灾时，可以逃离商场的出口。平时不使用。

(8) 用具间：超市中用来存放与商品陈列有关的用具、道具的房间。

(9) 洗手池：生鲜部专门用来洗手的地方。

(10) 更衣室：员工用来更换工装的地方。

(11) 更衣柜：员工用来存放工装或私人物品的柜子，一般设在商场外部。

(12) 促销员：厂商为了更好销售、宣传其商品而派驻商场的员工。

(13) 优秀员工：超市中每月评比出的表现优秀的员工。

(14) 五星级收银员：收银部门最出色的收银员。

(15) 培训教练：负责培训本部门员工的资深职员。一般由经验丰富、熟悉工作、表现优秀的人员担任，可以是管理层或员工。

(16) 会员：会员制超市所发展的特定顾客群体，享有特定的商家优惠，如优惠的会员价、免费收到商品的特价快讯等。

(17) 会员卡：会员制的超市中会员资格的凭证。

(18) 员工大会：超市中全体基层员工参加的会议。主要起分享信息、传达政策、培训、激励士气等作用。

(19) 晨会：每日开店前每个部门或整个超市值班管理层召开的会议。一般限制在

15 分钟以内。

(20) 管理层周会：每周整个超市的管理层召开的营运沟通会议，一般限制在 2 小时以内。

(21) SKU：即 Stock Keep Unit，单项商品。

(22) 商品：超市中用来销售的物品。

(23) 赠品：为了刺激销售，对购买某商品的顾客搭赠，搭赠的商品即为赠品。可为厂家或商家提供。

(24) 促销试品：促销时所用的试用（吃）的商品。

(25) 自用品：超市各个部门自用的办公耗品，如文具等。自用品上必须有自用品标签。

(26) 零星散货：被顾客遗弃在非此商品正确的陈列位置的商品有如遗留在收银台、其他货架、购物车等地方的商品。零星散货必须及时收回，特别是生鲜的散货。

(27) 空包装：只有包装没有商品，空包装应交由安全部处理。

(28) 消防演习：商场定期进行的消防方面的预演。

(29) 报警电话：商场内部用来报警或求助的专用电话。

(30) 工作日志：不同班次用来书写工作交接内容的笔记本。

(31) 班次：表示员工具体上班时间。不同的班次有不同的代码，如早班是 A，晚班是 B 等。班次在部门的排班表上明确标识。

(32) 陈列图：说明商品如何在货架上进行摆放的示意图。正常货架销售的商品必须按陈列图进行陈列，不得随意更改。

(33) 价格标签：用于标示商品销价等内容并辅助作定位管理的标签。价格标签必须机印，不得手写，在电脑中心申请打印。

(34) 价格牌：用于标示商品售价等内容的标识牌。价格牌必须用公司设计的纸张机印，不得手写，在电脑中心申请打印。

(35) 条形码：用以表示一定商品信息的国际上通用的符号。一般印制在商品外包装上，是黑白相间的条纹图案。

(36) 店内码：超市内部印制的条形码，遇到无条形码商品或商品条形码损坏等多种原因造成的条形码失效时使用。店内码在收货部申请打印。

(37) 生鲜条码：称重商品的价格条形码，由电子磅秤称重时打印出来。

(38) POP 广告：指 Point of Pupchase Advertising，意思是销售点广告，指超市中能促进销售的广告。将促销信息以美工绘制或印刷方式制作出来，张贴或悬挂在商品附近或显著之处，吸引顾客注意力并达成刺激销售的目的。此类广告在企划部申请制作，其他人不得随意书写。

（39）DM 快讯：大型综合超市常用的一种促销的特价广告彩页，发给会员或顾客。

（40）PLU 码：电子磅秤中用来表示不同商品的代码。

（41）销售单位：超市中某商品销售的单位。也是计算库存的单位。

（42）订货单位：超市中某商品订货的单位。

（43）商品编号：为方便管理，在电脑系统中，为每一种商品所编的号码，一般为 8 位数。

（44）供应商编号：为方便管理，在电脑系统中，为每位供应商所编的号码，一般为 5 位数。

（45）货架编号：超市中所有货架的统一编号。

（46）大组号：商品分类大组的号码。

（47）小组号：商品分类小组的号码。

（48）营运报告：超市中各种由电脑中心打印的用来帮助、监控营运管理的系统报告。

（49）交接班：同岗位不同班次进行的工作交接。

（50）巡店：超市管理层进行的巡视卖场的工作。

（51）理货：把凌乱的商品整理整齐、美观，符合营运标准。

（52）补货：理货员将缺货的商品，依照商品内各自规定的陈列位置，定时或不定时地将商品补充到货架上去的工作。

（53）缺货：某商品的库存为零。

（54）换货：顾客或商场按有关规定将所购商品与商场（厂商）进行交换。

（55）退货：顾客或商场按有关规定将所购商品退回给商场（厂商）。

（56）内部转货：店内不同部门之间进行的商品转货。

（57）并板：把两个或两个以上卡板的商品，有条理地合并在一个卡板上。

（58）码货：堆放商品。

（59）过磅：收货时，对于以重量为进货单位的商品进行称重。

（60）拉排面：商品没有全部摆满货架的时候，利用先进先出原则，将商品向前排列，使排面充盈、丰满的动作。

（61）保质期：商品质量的保证日期。

（62）生产日期：商品生产出来的日期。

（63）营业高峰：每日较多顾客购物的时间段，也是营业业绩较高、结账客人较多的时间段。

(64) 先进先出：先进的商品先销售。

(65) 库存更正：对电脑系统的库存数据进行修正。

(66) 销售价格：商品在超市中标示的卖价。是含税价格，也是收银机内的价格。

(67) 系统订单：电子订货系统（Electronic Ordering System）所出的订单。用于商店的日常订货管理。

(68) 负库存：电脑记录的库存数量小于该商品的实际库存数量而导致的负数差异。

(69) 滞销：指商品销售业绩不好或很难卖出，通常规定 DMS 小于某一数值。

(70) 清仓：对品质瑕疵或滞销、积压、过季的商品进行降价处理的活动。

(71) 报损：由于破包、破损等原因导致商品完全失去或不能维持其使用价值，按废品进行处理的商品。

(72) 丢弃：专指生鲜部门报损的商品。

(73) 生鲜盘点：生鲜部门每月定期进行的对库存进行清点以确定该期间的经营绩效和损耗的工作。

(74) 市场调查：对同类的存在竞争能力的超市进行商品、价格、服务、促销等方面的调查。

(75) 试吃：对食品进行现场加工，让顾客现场品尝的活动。或指生鲜部门为鉴定商品质量而进行的小量品尝。

(76) 换档：相连两期快讯的更换。相应快讯商品的陈列、价格要更换。

(77) 消磁：在收银后对贴在商品上的防盗码进行解除磁性的动作。

(78) 团购：一次性的大量购物。

(79) 工伤：员工在本商场内发生的意外受伤事件。发生工伤后，应立即通知安全部。

(80) 评估：对员工在一定时间内的工作表现、业绩进行公正评定的工作。

（三）超市常用名词

1. 零售业态 Retailing Format

零售企业为满足不同的消费需求而形成的不同经营形式。

2. 连锁经营 Chain Operation

企业经营若干同行业或同业态的店铺，以同一商号、统一管理或授予特许经营权方式组织起来，共享规模效益的一种经营组织形式。

3. 直营连锁（正规连锁）Company—owned Chain

连锁的门店由连锁公司全资或控股开设，在总部的直接控制下，开展统一经营。

4. 自由连锁（自愿连锁）Voeuntary Chain

若干个门店或企业自愿组合起来，在不改变各自资产所有权关系的情况下，以共同进货为纽带开展的经营。

5. 特许连锁（合同连锁、加盟连锁）Franchise Chain

加盟连锁店的门店同总部签订合同，取得使用总部商标、商号、经营技术及销售总部开发商品的特许权，经营权集中于总部。加盟连锁店的门店均为独立法人。

6. 直营店 Chain Store

以同一资本直接采取连锁经营的门店，也称连锁店。

7. 加盟店 Franchised Outlet

以特许连锁方式经营的门店。

8. 超级市场 Supermarket

采取自选销售方式，以销售生鲜商品、食品和向顾客提供日常必需品为主要目的的零售业态。

9. 便利店（方便店）Convenience Store（Cv.S）

满足顾客便利性需求为主要目的的零售业态。

10. 连锁公司 Chain Corporation

连锁超市（便利店）公司应由 10 个以上门店组成，实行规范化管理，必须做到统一订货，集中合理化配送，统一结算，实行采购与销售职能分离。

连锁超市（便利店）公司由总部、门店和配送中心（或委托配送机构）构成。

11. 总部 Headquarters

总部是连锁公司经营管理的核心，它除了自身具有决策职能、监督职能外，还应具备以下基本职能：网点开发、采购配送、财务管理、质量管理、经营指导、市场调研、商品开发、促销策划、人员招聘、人才培训、教育及物业管理等。

12. 门店 Outlet

门店是连锁经营的基础，主要职责是按照总部的指示和服务规范要求，承担日常销售业务。

13. 配送中心 Distribution Center

配送中心是连锁公司的物流机构，承担着商品的集货、库存保管、包装加工、分拣配货、配送、信息提供等职能。配送中心由分货配货（TC）、流通库存（DC）、生鲜加工（PC）三部分构成。

14. 单品 Stock Keeping Unit（SKU）

商品的最小分类。

15. 单品管理 SKU Controt

单品管理是通过电脑系统对某一单品的毛利额、进货量、退货量、库存量等，进行销售信息和趋势的分析，把握某一单品的订货、进货情况的一种管理方法。

附录 5

中华人民共和国发票管理办法

（1993 年 12 月 12 日国务院批准、1993 年 12 月 23 日财政部令第 6 号发布，根据 2010 年 12 月 20 日《国务院关于修改〈中华人民共和国发票管理办法〉的决定》修订）

第一章　总则

第一条　为了加强发票管理和财务监督，保障国家税收收入，维护经济秩序，根据《中华人民共和国税收征收管理法》，制定本办法。

第二条　在中华人民共和国境内印制、领购、开具、取得、保管、缴销发票的单位和个人（以下称印制、使用发票的单位和个人），必须遵守本办法。

第三条　本办法所称发票，是指在购销商品、提供或者接受服务以及从事其他经营活动中，开具、收取的收付款凭证。

第四条　国务院税务主管部门统一负责全国的发票管理工作。省、自治区、直辖市国家税务局和地方税务局（以下统称省、自治区、直辖市税务机关）依据各自的职责，共同做好本行政区域内的发票管理工作。

财政、审计、工商行政管理、公安等有关部门在各自的职责范围内，配合税务机关做好发票管理工作。

第五条　发票的种类、联次、内容以及使用范围由国务院税务主管部门规定。

第六条　对违反发票管理法规的行为，任何单位和个人可以举报。税务机关应当为检举人保密，并酌情给予奖励。

第二章　发票的印制

第七条　增值税专用发票由国务院税务主管部门确定的企业印制；其他发票，按照国务院税务主管部门的规定，由省、自治区、直辖市税务机关确定的企业印制。禁止私自印制、伪造、变造发票。

第八条　印制发票的企业应当具备下列条件：

（一）取得印刷经营许可证和营业执照；

（二）设备、技术水平能够满足印制发票的需要；

（三）有健全的财务制度和严格的质量监督、安全管理、保密制度。

税务机关应当以招标方式确定印制发票的企业，并发给发票准印证。

第九条　印制发票应当使用国务院税务主管部门确定的全国统一的发票防伪专用品。禁止非法制造发票防伪专用品。

第十条　发票应当套印全国统一发票监制章。全国统一发票监制章的式样和发票版面印刷的要求，由国务院税务主管部门规定。发票监制章由省、自治区、直辖市税务机关制作。禁止伪造发票监制章。

发票实行不定期换版制度。

第十一条　印制发票的企业按照税务机关的统一规定，建立发票印制管理制度和保管措施。

发票监制章和发票防伪专用品的使用和管理实行专人负责制度。

第十二条　印制发票的企业必须按照税务机关批准的式样和数量印制发票。

第十三条　发票应当使用中文印制。民族自治地方的发票，可以加印当地一种通用的民族文字。有实际需要的，也可以同时使用中外两种文字印制。

第十四条　各省、自治区、直辖市内的单位和个人使用的发票，除增值税专用发票外，应当在本省、自治区、直辖市内印制；确有必要到外省、自治区、直辖市印制的，应当由省、自治区、直辖市税务机关商印制地省、自治区、直辖市税务机关同意，由印制地省、自治区、直辖市税务机关确定的企业印制。

禁止在境外印制发票。

第三章　发票的领购

第十五条　需要领购发票的单位和个人，应当持税务登记证件、经办人身份证明、按照国务院税务主管部门规定式样制作的发票专用章的印模，向主管税务机关办理发票领购手续。主管税务机关根据领购单位和个人的经营范围和规模，确认领购发票的种类、数量以及领购方式，在5个工作日内发给发票领购簿。

单位和个人领购发票时，应当按照税务机关的规定报告发票使用情况，税务机关应当按照规定进行查验。

第十六条　需要临时使用发票的单位和个人，可以凭购销商品、提供或者接受服务以及从事其他经营活动的书面证明、经办人身份证明，直接向经营地税务机关申请代开发票。依照税收法律、行政法规规定应当缴纳税款的，税务机关应当先征收税款，再开具发票。税务机关根据发票管理的需要，可以按照国务院税务主管部门的规定委托其他单位代开发票。

禁止非法代开发票。

第十七条 临时到本省、自治区、直辖市以外从事经营活动的单位或者个人，应当凭所在地税务机关的证明，向经营地税务机关领购经营地的发票。

临时在本省、自治区、直辖市以内跨市、县从事经营活动领购发票的办法，由省、自治区、直辖市税务机关规定。

第十八条 税务机关对外省、自治区、直辖市来本辖区从事临时经营活动的单位和个人领购发票的，可以要求其提供保证人或者根据所领购发票的票面限额以及数量交纳不超过1万元的保证金，并限期缴销发票。

按期缴销发票的，解除保证人的担保义务或者退还保证金；未按期缴销发票的，由保证人或者以保证金承担法律责任。

税务机关收取保证金应当开具资金往来结算票据。

第四章 发票的开具和保管

第十九条 销售商品、提供服务以及从事其他经营活动的单位和个人，对外发生经营业务收取款项，收款方应当向付款方开具发票；特殊情况下，由付款方向收款方开具发票。

第二十条 所有单位和从事生产、经营活动的个人在购买商品、接受服务以及从事其他经营活动支付款项，应当向收款方取得发票。取得发票时，不得要求变更品名和金额。

第二十一条 不符合规定的发票，不得作为财务报销凭证，任何单位和个人有权拒收。

第二十二条 开具发票应当按照规定的时限、顺序、栏目，全部联次一次性如实开具，并加盖发票专用章。

任何单位和个人不得有下列虚开发票行为：

（一）为他人、为自己开具与实际经营业务情况不符的发票；

（二）让他人为自己开具与实际经营业务情况不符的发票；

（三）介绍他人开具与实际经营业务情况不符的发票。

第二十三条 安装税控装置的单位和个人，应当按照规定使用税控装置开具发票，并按期向主管税务机关报送开具发票的数据。

使用非税控电子器具开具发票的，应当将非税控电子器具使用的软件程序说明资料报主管税务机关备案，并按照规定保存、报送开具发票的数据。

国家推广使用网络发票管理系统开具发票，具体管理办法由国务院税务主管部门制定。

第二十四条　任何单位和个人应当按照发票管理规定使用发票，不得有下列行为：

（一）转借、转让、介绍他人转让发票、发票监制章和发票防伪专用品；

（二）知道或者应当知道是私自印制、伪造、变造、非法取得或者废止的发票而受让、开具、存放、携带、邮寄、运输；

（三）拆本使用发票；

（四）扩大发票使用范围；

（五）以其他凭证代替发票使用。

税务机关应当提供查询发票真伪的便捷渠道。

第二十五条　除国务院税务主管部门规定的特殊情形外，发票限于领购单位和个人在本省、自治区、直辖市内开具。

省、自治区、直辖市税务机关可以规定跨市、县开具发票的办法。

第二十六条　除国务院税务主管部门规定的特殊情形外，任何单位和个人不得跨规定的使用区域携带、邮寄、运输空白发票。

禁止携带、邮寄或者运输空白发票出入境。

第二十七条　开具发票的单位和个人应当建立发票使用登记制度，设置发票登记簿，并定期向主管税务机关报告发票使用情况。

第二十八条　开具发票的单位和个人应当在办理变更或者注销税务登记的同时，办理发票和发票领购簿的变更、缴销手续。

第二十九条　开具发票的单位和个人应当按照税务机关的规定存放和保管发票，不得擅自损毁。已经开具的发票存根联和发票登记簿，应当保存5年。保存期满，报经税务机关查验后销毁。

第五章　发票的检查

第三十条　税务机关在发票管理中有权进行下列检查：

（一）检查印制、领购、开具、取得、保管和缴销发票的情况；

（二）调出发票查验；

（三）查阅、复制与发票有关的凭证、资料；

（四）向当事各方询问与发票有关的问题和情况；

（五）在查处发票案件时，对与案件有关的情况和资料，可以记录、录音、录像、照像和复制。

第三十一条　印制、使用发票的单位和个人，必须接受税务机关依法检查，如实反映情况，提供有关资料，不得拒绝、隐瞒。

税务人员进行检查时，应当出示税务检查证。

第三十二条　税务机关需要将已开具的发票调出查验时，应当向被查验的单位和个人开具发票换票证。发票换票证与所调出查验的发票有同等的效力。被调出查验发票的单位和个人不得拒绝接受。

税务机关需要将空白发票调出查验时，应当开具收据；经查无问题的，应当及时返还。

第三十三条　单位和个人从中国境外取得的与纳税有关的发票或者凭证，税务机关在纳税审查时有疑义的，可以要求其提供境外公证机构或者注册会计师的确认证明，经税务机关审核认可后，方可作为记账核算的凭证。

第三十四条　税务机关在发票检查中需要核对发票存根联与发票联填写情况时，可以向持有发票或者发票存根联的单位发出发票填写情况核对卡，有关单位应当如实填写，按期报回。

第六章　罚则

第三十五条　违反本办法的规定，有下列情形之一的，由税务机关责令改正，可以处 1 万元以下的罚款；有违法所得的予以没收：

（一）应当开具而未开具发票，或者未按照规定的时限、顺序、栏目，全部联次一次性开具发票，或者未加盖发票专用章的；

（二）使用税控装置开具发票，未按期向主管税务机关报送开具发票的数据的；

（三）使用非税控电子器具开具发票，未将非税控电子器具使用的软件程序说明资料报主管税务机关备案，或者未按照规定保存、报送开具发票的数据的；

（四）拆本使用发票的；

（五）扩大发票使用范围的；

（六）以其他凭证代替发票使用的；

（七）跨规定区域开具发票的；

（八）未按照规定缴销发票的；

（九）未按照规定存放和保管发票的。

第三十六条　跨规定的使用区域携带、邮寄、运输空白发票，以及携带、邮寄或者运输空白发票出入境的，由税务机关责令改正，可以处 1 万元以下的罚款；情节严重的，处 1 万元以上 3 万元以下的罚款；有违法所得的予以没收。

丢失发票或者擅自损毁发票的，依照前款规定处罚。

第三十七条　违反本办法第二十二条第二款的规定虚开发票的，由税务机关没收违法所得；虚开金额在 1 万元以下的，可以并处 5 万元以下的罚款；虚开金额超过 1 万元的，并处 5 万元以上 50 万元以下的罚款；构成犯罪的，依法追究刑事责任。

非法代开发票的，依照前款规定处罚。

第三十八条　私自印制、伪造、变造发票，非法制造发票防伪专用品，伪造发票监制章的，由税务机关没收违法所得，没收、销毁作案工具和非法物品，并处 1 万元以上 5 万元以下的罚款；情节严重的，并处 5 万元以上 50 万元以下的罚款；对印制发票的企业，可以并处吊销发票准印证；构成犯罪的，依法追究刑事责任。

前款规定的处罚，《中华人民共和国税收征收管理法》有规定的，依照其规定执行。

第三十九条　有下列情形之一的，由税务机关处 1 万元以上 5 万元以下的罚款；情节严重的，处 5 万元以上 50 万元以下的罚款；有违法所得的予以没收：

（一）转借、转让、介绍他人转让发票、发票监制章和发票防伪专用品的；

（二）知道或者应当知道是私自印制、伪造、变造、非法取得或者废止的发票而受让、开具、存放、携带、邮寄、运输的。

第四十条　对违反发票管理规定 2 次以上或者情节严重的单位和个人，税务机关可以向社会公告。

第四十一条　违反发票管理法规，导致其他单位或者个人未缴、少缴或者骗取税款的，由税务机关没收违法所得，可以并处未缴、少缴或者骗取的税款 1 倍以下的罚款。

第四十二条　当事人对税务机关的处罚决定不服的，可以依法申请行政复议或者向人民法院提起行政诉讼。

第四十三条　税务人员利用职权之便，故意刁难印制、使用发票的单位和个人，或者有违反发票管理法规行为的，依照国家有关规定给予处分；构成犯罪的，依法追究刑事责任。

第七章　附则

第四十四条　国务院税务主管部门可以根据有关行业特殊的经营方式和业务需求，会同国务院有关主管部门制定该行业的发票管理办法。

国务院税务主管部门可以根据增值税专用发票管理的特殊需要，制定增值税专用发票的具体管理办法。

第四十五条　本办法自发布之日起施行。财政部 1986 年发布的《全国发票管理暂行办法》和原国家税务局 1991 年发布的《关于对外商投资企业和外国企业发票管理的暂行规定》同时废止。

参考文献

［1］杨涛. 收银实务 ［M］. 北京：机械工业出版社，2011.

［2］尹刚. 优秀收银员工作技能手册 ［M］. 北京：中国时代经济出版社，2008.

［3］王淑燕，李艳. 收银人员岗位培训手册 ［M］. 北京：人民邮电出版社，2007.

［4］王淑敏. 收银员岗位培训手册 ［M］. 北京：人民邮电出版社，2011.

［5］武静茹. 营业员 ［M］. 北京：中国劳动社会保障出版社，2012.

图书在版编目（CIP）数据

收银实务 / 吴超，王万军主编. —北京：经济管理出版社，2015.2
ISBN 978-7-5096-3567-4

Ⅰ. ①收… Ⅱ. ①吴… ②王… Ⅲ. ①商业服务——中等专业学校—教材 Ⅳ. ①F718

中国版本图书馆 CIP 数据核字（2014）第 312400 号

组稿编辑：魏晨红
责任编辑：瑞　鸿
责任印制：黄章平
责任校对：王　淼

出版发行：经济管理出版社
　　　　　（北京市海淀区北蜂窝 8 号中雅大厦 11 层　　100038）
网　　　址：www. E-mp. com. cn
电　　　话：(010) 51915602
印　　　刷：三河市延风印装厂
经　　　销：新华书店
开　　　本：787mm×1092mm/16
印　　　张：8.25
字　　　数：143 千字
版　　　次：2015 年 2 月第 1 版　　　2015 年 2 月第 1 次印刷
书　　　号：ISBN 978-7-5096-3567-4
定　　　价：28.00 元